RE

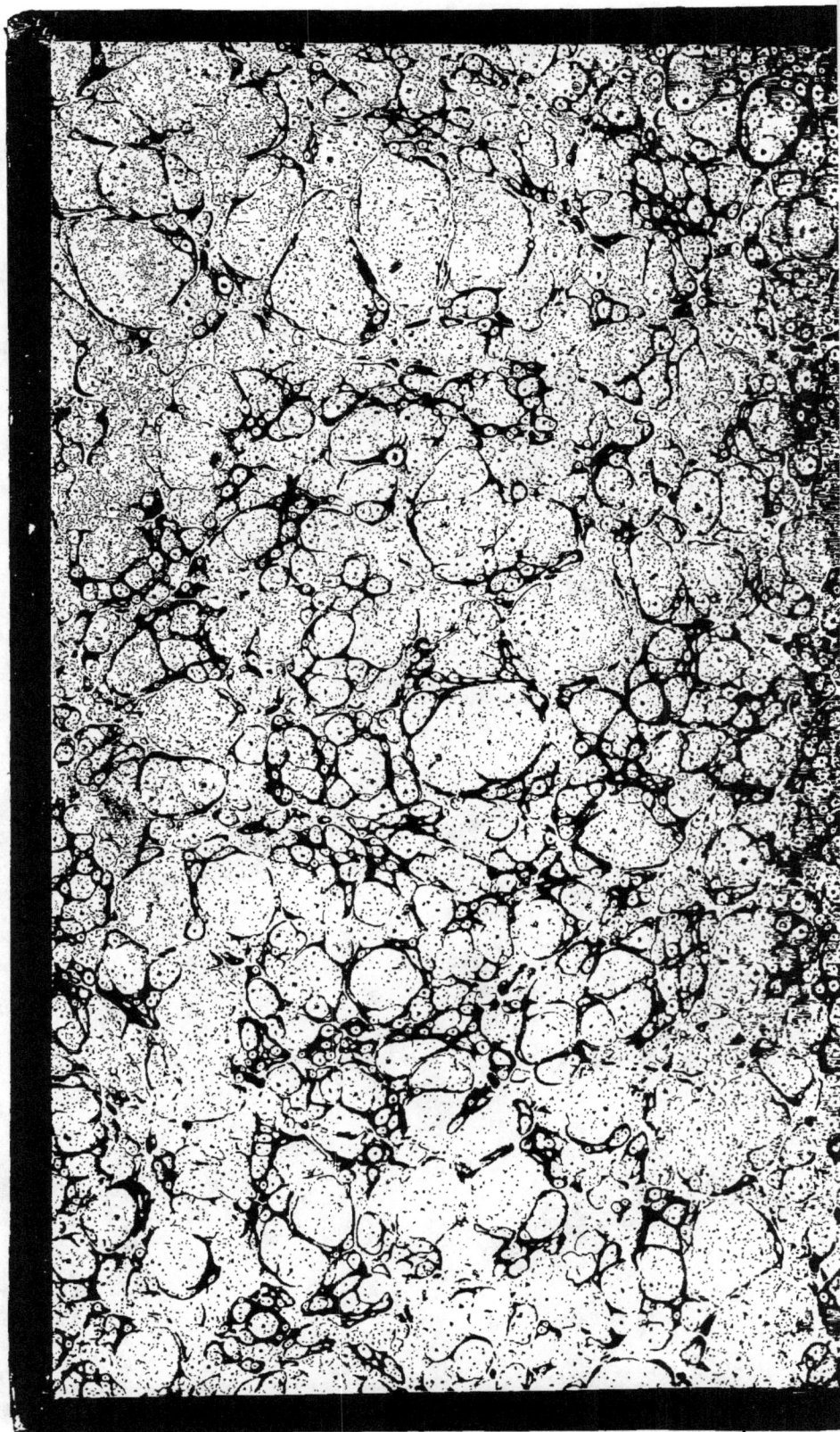

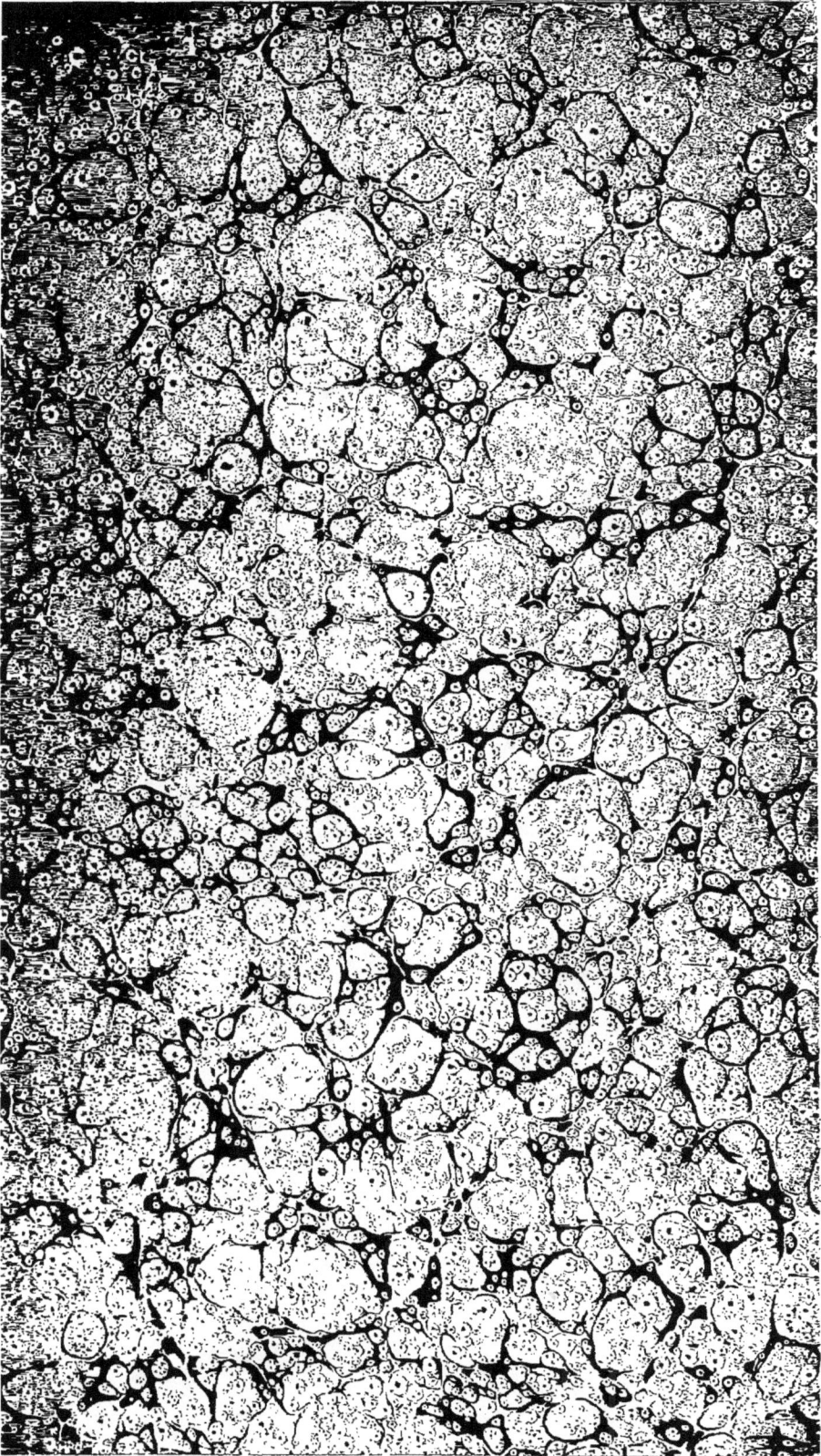

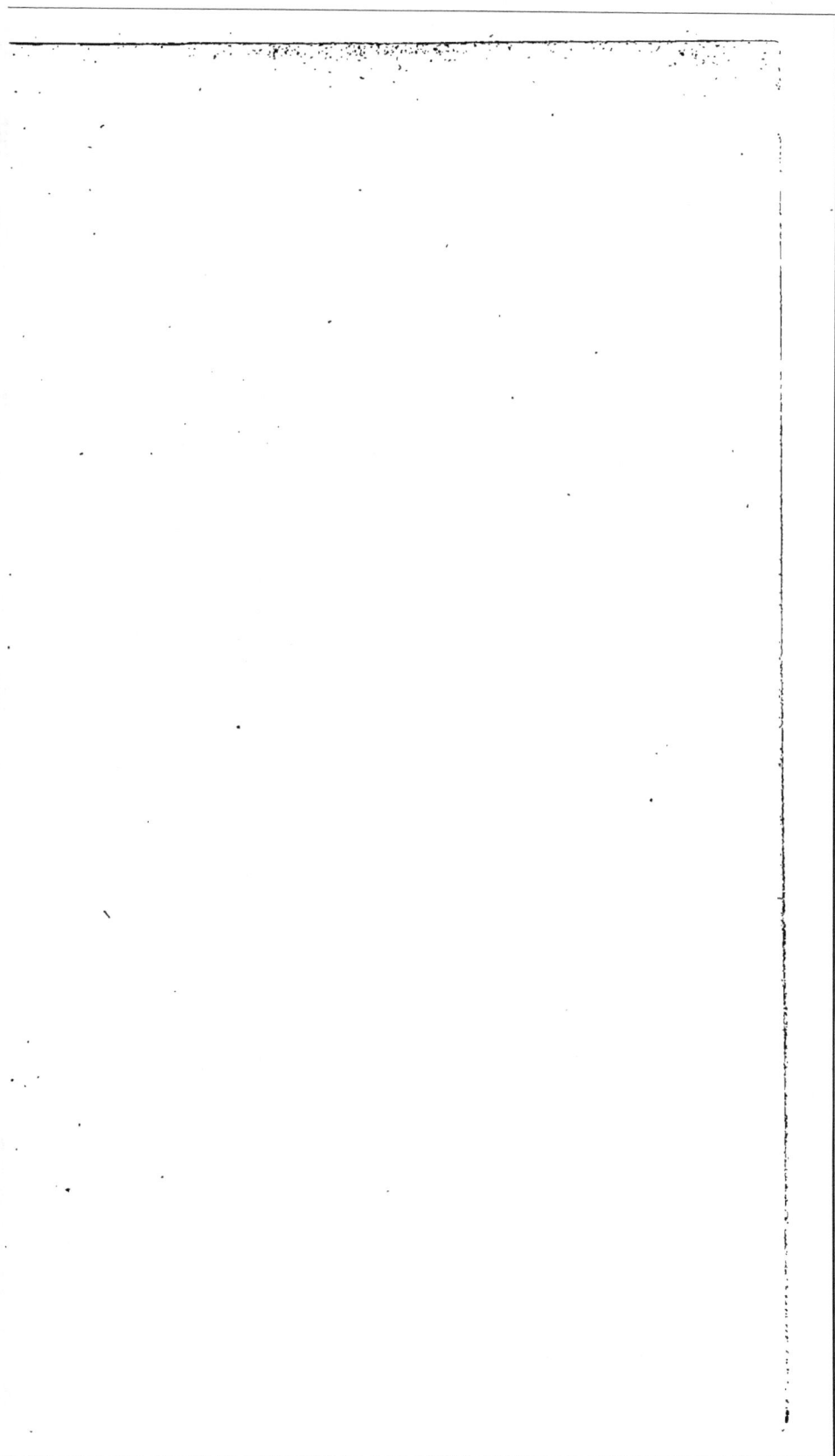

ÉLÉMENTS

DE LA

GRAMMAIRE

TURQUE.

CET OUVRAGE SE TROUVE AUSSI :

A LONDRES, chez Charles-Frédéric MOLINI.
    —   — WILLIAMS et NORGATE.
LEIPZIG,   — F. A. BROCKHAUS.
BERLIN,   — SCHNEIDER ET Cie.
LEYDE,   — J. BRILL.
TRIESTE, ⎫
VÉRONE, ⎬ — H. MUNSTER.
VENISE, ⎭
TURIN,   — Charles SCHEPATTI.
FLORENCE, — Luigi MOLINI.

IMPRIMERIE DE NICOLAS, A MEULAN.

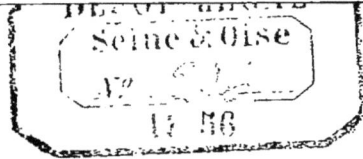

ÉLÉMENTS

DE LA

GRAMMAIRE

TURQUE

A L'USAGE DES ÉLÈVES DE L'ÉCOLE IMPÉRIALE ET SPÉCIALE
DES LANGUES ORIENTALES VIVANTES,

PAR LOUIS DUBEUX,

PROFESSEUR DE LANGUE TURQUE, MEMBRE DE LA SOCIÉTÉ
ASIATIQUE, ETC.

A PARIS,

CHEZ BENJAMIN DUPRAT,

LIBRAIRE DE L'INSTITUT, DE LA BIBLIOTHÈQUE IMPÉRIALE, DES SOCIÉTÉS
ASIATIQUES DE PARIS, DE LONDRES, DE CALCUTTA, ETC.,

7, RUE DU CLOÎTRE SAINT-BENOÎT.

1856

AVERTISSEMENT.

Les travaux de M. Roehrig sur les lois euphoniques qui régissent les idiomes tartares [1] ont modifié un grand nombre de
principes admis jusqu'à présent dans la grammaire turque. Il ne serait plus possible aujourd'hui d'attribuer au dialecte ottoman dix
déclinaisons pour les noms ou douze conjugaisons pour les verbes. On ne pourrait pas davantage, malgré l'extrême similitude des formes, supposer l'unité de la déclinaison ou de
la conjugaison. A ces hypothèses élevées sur
des observations incomplètes, M. Roehrig a
substitué un système qui repose sur les
principes euphoniques de la langue, et dont
l'expérience a démontré l'exactitude.

Toutefois, pendant ses voyages en Turquie
et en Tartarie, ce savant a reconnu que dans
la langue usuelle les règles d'euphonie souf-

---

[1] On appelle *tartares* ou *tatares* les dialectes turcs
parlés en Tartarie et ailleurs, par opposition au dialecte de
Constantinople, appelé proprement *langue turque* et *langue
ottomane*.

a.

frent quelques exceptions. Il explique ces anomalies par l'état peu avancé de la civilisation dans certaines contrées, et plus encore par la différence d'origine des habitants. En effet, parmi les peuples qui parlent des dialectes tartares, quelques-uns manquent tout à fait de culture intellectuelle, tandis que d'autres appartiennent à des races étrangères et ne peuvent jamais se corriger complètement de leurs habitudes naturelles de prononciation. Telles sont les causes qui ont amené des altérations dans le langage parlé ; mais, tout en reconnaissant leur existence, on est forcé d'admettre que le principe d'euphonie n'en subsiste pas moins dans toute sa rigueur.

Depuis longtemps je me proposais de publier une grammaire turque fondée sur le système d'euphonie mis en lumière par M. Roehrig. Comme professeur, c'était mon devoir, et un sentiment tout personnel m'y engageait d'ailleurs ; car, je l'avoue, il m'aurait été pénible de laisser à d'autres le soin d'appliquer à un ouvrage spécial ces doctrines que j'ai déjà fait connaître au public par la voie du *Journal asiatique* [1] et dans mes le-

[1] Voy. IVᵉ série, tome XVI, octobre 1850, pag. 283 et suiv., ou le tirage à part.

çons. Une grave considération m'a contraint de différer jusqu'à présent.

Quelques points de la grammaire turque, étrangers à l'euphonie, et pour la solution desquels, par conséquent, les travaux de M. Roehrig ne pouvaient être d'aucun secours, me paraissaient réclamer un nouvel examen. Passer sous silence ces difficultés, eût été accorder une sanction implicite à ce que je regarde comme de véritables erreurs. Mais, d'un autre côté, il fallait y réfléchir de la manière la plus sérieuse, avant de contester des opinions en faveur desquelles militaient la consécration du temps et l'autorité des hommes les plus éminents dans les études orientales. D'ailleurs, prises en elles-mêmes, et abstraction faite de toute considération étrangère, les questions qu'il s'agissait de trancher avaient une assez grande importance, comme on va en juger.

Meninski et la plupart des grammairiens qui ont écrit sur la langue turque à des époques récentes, admettent dans cette langue un grand nombre de gérondifs. Quelques-uns en reconnaissent jusqu'à treize; car on a réuni sous cette dénomination commune, plusieurs espèces de mots qu'une analyse incomplète

et des idées peu exactes sur la nature du gé-
rondif latin, ont fait considérer à tort comme
pouvant appartenir à cette classe. Cependant
si l'on y regarde avec attention, il faudra bien
avouer que ces prétendus gérondifs sont, les
uns des participes actifs, les autres des expressions composées. De pareilles méprises sur-
prennent d'autant plus, que les idiomes
tartares possèdent de véritables gérondifs
dans les cas obliques de l'infinitif, lorsque
celui-ci est employé comme nom d'action et
se décline. J'ai analysé avec le plus grand
soin les treize espèces de mots dont il s'agit,
et je les ai distribuées suivant l'ordre qui m'a
paru le plus conforme à la nature de leurs
fonctions.

J'avais encore à décider un autre point tout
aussi grave, relatif à la déclinaison. Suivant
la plupart des grammairiens, les terminaisons
des noms turcs constituent de véritables cas,
tandis que, suivant d'autres, on ne doit y reconnaître que des postpositions. Il est vrai
que les syllabes finales des noms turcs ne
sont pas des cas comme ceux du sanscrit, du
grec et du latin. Un fait bien simple suffit à
le démontrer : ces terminaisons ne forment
pas une partie intégrante des noms auxquels

on les joint, et ne se confondent pas avec eux, puisque dans un grand nombre de circonstances on peut les supprimer. Mais ce manque de cohésion entre les deux éléments du mot doit-il nous faire croire à l'existence de postpositions dans les syllabes finales? La conclusion est douteuse, car le signe de pluralité se détache également des mots auxquels il appartient, et cependant nul n'y reconnaîtra une postposition.

D'ailleurs, et ceci semble probant, les terminaisons des noms turcs sont une sorte d'apocope et d'affaiblissement des mêmes terminaisons dans les autres dialectes tartares. Or, en supposant même que ces terminaisons aient été dans l'origine des postpositions, question que je réserve tout entière, il est évident que les terminaisons turques, amoindries et privées des gutturales qui les caractérisent en tartare, dépouillées de toute signification propre et soumises elles-mêmes à l'influence des postpositions, ne sont plus que de simples signes des cas. La question amenée à ces termes, il devient manifeste que l'on peut admettre des déclinaisons dans le dialecte turc, et c'est tout ce que nous voulons prouver.

Ajoutons une dernière considération, et

celle-ci sera décisive pour la majeure partie des lecteurs comme elle l'est pour nous : de Sacy a rangé la langue turque au nombre de celles qui ont des cas [1].

Tels sont les principaux points sur lesquels il a fallu former mon opinion avant de publier ces rudiments. Là toutefois ne se bornait pas ma tâche, car je devais encore essayer de préciser avec plus d'exactitude qu'on ne l'a fait jusqu'ici les fonctions des suffixes. Enfin, il me restait à déterminer la valeur et la nature d'un assez grand nombre de mots et de formes dont la composition ou le sens n'avaient pas été éclaircis.

Je n'ai rien dit de la grammaire arabe ni de la grammaire persane : ce sont des études à part que je ne pouvais pas traiter dans un livre élémentaire comme celui-ci, et pour lesquelles il faut consulter les ouvrages spéciaux. Cependant j'ai cru indispensable d'ajouter aux principes de M. Roehrig sur l'euphonie turque, la manière de prononcer les mots arabes et persans, si communs dans l'idiome de Constantinople.

Je n'ai pas joint à cet abrégé un modèle

[1] Voy. *Principes de Grammaire générale*, chap. IX, pag. 66 de l'édition de 1822.

de lecture, comme il s'en trouve dans la
plupart des ouvrages du même genre. Ces
sortes de modèles me semblent plus propres
à jeter le trouble et la confusion dans l'es-
prit des commençants qu'à leur apprendre
quelque chose. Comment, en effet, pourrait-
on deviner la prononciation d'un mot inconnu,
puisque les trois signes qui représentent les
voyelles répondent à huit sons différents?
C'est pour la même raison que j'ai supprimé
partout ces signes et que je les ai remplacés
par la transcription en caractères latins. Depuis longtemps déjà, Meninski *avait adopté
ce moyen et l'avait mis en pratique dans sa
grammaire et dans ses dictionnaires.

Malgré l'autorité de quelques graves auteurs, j'ai conservé dans mes transcriptions
la valeur du *hé* (*s*) qui termine plusieurs mots
turcs, et j'ai rendu cette lettre par *h*, car dans
la plupart des cas elle remplace une gutturale. Il faut donc en tenir compte, ne fût-ce
que pour l'étymologie. Elle est d'ailleurs la
caractéristique du datif. Je la conserve de
même dans les mots persans, où souvent aussi
elle tient lieu d'une gutturale. Je ne la trans-
cris pas, cela est évident, dans les mots d'o-
rigine sémitique.

Il est à peine nécessaire d'observer que dans les transcriptions la lettre *s* conserve toujours le son qui lui est propre, et qu'elle ne s'adoucit jamais entre deux voyelles.

Les auteurs de la plupart des grammaires turques publiées jusqu'à présent, ont adopté, d'après Meninski, l'ordre des temps et des modes suivi dans les grammaires latines. Cependant déjà, en 1820, Abel-Rémusat avait observé que dans les langues de la Tartarie l'impératif est le thème du verbe et que toutes les autres formes en dérivent [1]. J'ai, d'après cela, placé ce mode en tête de la conjugaison, comme l'a fait avant moi M. Redhouse.

Les observations jetées dans quelques parties de ces rudiments ont pour but de faire connaître les règles les plus importantes de la concordance et de la construction. Un traité complet de syntaxe aurait exigé des développements qui ne sauraient trouver place dans un abrégé. Je me réserve de traiter ailleurs avec étendue cette partie de la grammaire.

Au reste, quelque faible que soit la valeur de cet opuscule, les élèves de l'École des langues orientales, auxquels il est particulièrement destiné, y trouveront un avantage, celui

[1] Voy. *Recherches sur les langues tartares*, pag. 270.

de substituer dans nos conférences un seul livre d'enseignement à ce grand nombre d'ouvrages grammaticaux, estimables sans doute, mais conçus dans des systèmes souvent opposés et quelquefois même inconciliables.

———

TABLE.

AVERTISSEMENT............................. page   v

CHAP. I.   De l'alphabet, de la lecture et des
            signes de numération..........   1

CHAP. II.   Règles d'euphonie et de permuta-
            tion des lettres..................   12

CHAP. III. Des parties du discours...........   23

CHAP. IV.   De l'adjectif et des degrés de
            comparaison......................   29

CHAP. V.   Des noms de nombre............   32

CHAP. VI.   Des pronoms.   39

CHAP. VII. Du verbe.:......................   49

CHAP. VIII. De la postposition...............   90

CHAP. IX.   De l'adverbe.....................   95

CHAP. X.   De la conjonction et de l'inter-
            jection..:.......................   100

CHAP. XI.   Des noms dérivés et des suffixes.   102

ERRATA.

Pag. 51, n° 22, *sevischelehmemek*, lisez *sevischilehmemek*.
Pag. 64, ligne 9, *subjonctif*, lisez *conditionnel*.

GRAMMAIRE
TURQUE.

CHAPITRE PREMIER.

DE L'ALPHABET, DE LA LECTURE ET DES SIGNES DE NUMÉRATION.

§ I. Les Turcs ont adopté depuis longtemps le système graphique des Arabes. Ils écrivent par conséquent de droite à gauche. Leur alphabet se compose de trente-trois lettres. Les voyelles et les signes orthographiques forment une classe séparée.

ALPHABET.

NOM.	FIGURE.				VALEUR.
	Isolée.	Liée à la lettre précéd. seulement.	Liée à la lettre précéd. et à la suiv.	Liée à la lettre suivante seulement.	
Élif.	ا	ل	»	»	»
Bè.	ب	ب	؎	ﺑ	B.
Pè.	پ	پ	؎	ﭘ	P.

1

NOM.	FIGURE.				VALEUR.
	Isolée.	Liée à la lettre précéd. seulement.	Liée à la lettre précéd. et à la suiv.	Liée à la lettre suivante seulement.	
Tè.	ت	ت	ﺘ	ﺗ	T.
Cè.	ث	ث	ﺜ	ﺛ	Ç.
Djim.	ج	ﺞ	ﺠ	ﺟ	Dj.
Tchim.	چ	ﭻ	ﭼ	ﭺ	Tch, Tsch.
Ha.	ح	ﺢ	ﺤ	ﺣ	H asp.
Kha ou Khi.	خ	ﺦ	ﺨ	ﺧ	Kh et H asp.
Dal.	د	ﺪ	»	»	D.
Zel.	ذ	ﺬ	»	»	Z.
Rè.	ر	ﺮ	»	»	R.
Zè.	ز	ﺰ	»	»	Z.
Jè.	ژ	ﮋ	»	»	J.
Sin.	س	ﺲ	ﺴ	ﺳ	S.
Schin.	ش	ﺶ	ﺸ	ﺷ	Sch, Ch.
Sad.	ص	ﺺ	ﺼ	ﺻ	S forte.
Dhad, Zad.	ض	ﺾ	ﻀ	ﺿ	Dh ou Z fort.
Tha ou Thi.	ط	ﻂ	ﻄ	ﻃ	Th et Dh.
Zha ou Zhi.	ظ	ﻆ	ﻈ	ﻇ	Zh.
Aïn.	ع	ﻊ	ﻌ	ﻋ	»
Ghaïn.	غ	ﻎ	ﻐ	ﻏ	G dur.
Fè.	ف	ﻒ	ﻔ	ﻓ	F.

NOM.	FIGURE.				VALEUR.
	Isolée.	Liée à la lettre précéd. seulement.	Liée à la lettre précéd. et à la suiv.	Liée à la lettre suivante seulement.	
Kaf.	ق	ق	ڨ	ق	K dur.
Kef.	كٯ	كٯ	ک	ک	K doux.
Guef.	ڭ گٯ	گٯ	گ	گ	G.
Saghir-noun.	ڭ	ڭ	ک	ک	N nasal.
Lam.	ل	ـل	ـل	ل	L.
Mim.	م	ـم	ـم	م	M.
Noun.	ن	ـن	ـن	ن	N.
Vav.	و	ـو	»	»	V.
Hè.	ه	ـه	ـهـ	ه	H.
Yè.	ی	ـی	ـیـ	یـ	Y.
Lam-élif.	لا	لا	»	»	»

Le ر suivi d'un ه à la fin d'un mot se réunit quelquefois à cette lettre et forme les deux groupes suivants, ه et ه.

Les points qui servent à distinguer les lettres d'une même forme s'appellent *points diacritiques*. Les Turcs en omettent quelques-uns, et ils écrivent souvent ب pour *b* et pour *p*; ک pour *kef, guef* et *saghir-noun*.

§ II. Des voyelles et des signes orthographiques.

Les signes des voyelles sont au nombre de trois, savoir :

Ustun ´ *a* et *è* : ـَﺑ *ba* ou *bè*.

Esreh ‚ *i* dur ou *i* fort, qui répond à peu près à notre *e* muet dans *dehors*; et *i* faible ou doux, qui a le son de notre *i* : ـِﺑ prononcez *be* ou *bi*.

Euturu ´ représente les quatre sons *o, ou, eu* et *u*. ـُﺑ se prononce *bo, bou, beu* ou *bu*. Les différentes valeurs des voyelles sont déterminées d'après les règles d'euphonie.

Les voyelles se partagent en fortes ou dures, et en faibles ou douces.

CLASSE FORTE OU DURE.		CLASSE FAIBLE OU DOUCE.
a	adouci devient	*è*.
i dur	—	*i* doux.
o	—	*eu*.
ou	—	*u*.

Dans nos transcriptions, nous représentons *i* dur par *i* romain dans l'italique; ex.: ﺑﺎﻟﻖ *ba-lik* « poisson ».

Les signes des voyelles sont redoublés à la fin de quelques mots arabes de cette manière ً, ٍ, ٌ. La réduplication ajoute aux voyelles le son d'un ن. Ainsi, ً se prononce *an* ou *en*; ٍ *in* avec *i* dur ou doux; ٌ *on, oun, eun, un,* selon l'euphonie.

Les signes orthographiques sont au nombre de quatre, savoir : le *djézm*, le *teschdid*, le *hemzè* et le *medd*.

Le *djezm* ْ se place sur les lettres qui n'ont pas de voyelle propre et qui doivent être articulées avec la voyelle de la consonne précédente pour former une syllabe avec celle-ci ; ex. : بَبْ prononcez *bab* ou *beb*, suivant l'euphonie.

Le *teschdid* ّ indique le redoublement d'une consonne ; ex. : بَقَّ prononcez *bakka*, et non *baka*.

Le *hemzè* ء se place au-dessus ou au-dessous de la ligne des lettres, et aussi sur cette même ligne. Il ne s'aspire point et n'ajoute rien au son de la voyelle qui l'accompagne ; ex. : بندهٔ prononcez *bendeh-i*.

Le *medd* ‿ se place pour l'ordinaire au-dessus de ا initial, de cette manière, آ. Il indique
le son *a* ; ex. : آلدی *aldi* « il a pris ».

Les voyelles et les signes orthographiques
sont presque toujours omis dans l'écriture.

§ III. Lettres quiescentes.

Les trois lettres ا, و et ی se trouvent quelquefois dépourvues de voyelles et de signes orthographiques ; alors elles ne se prononcent pas,
et on les appelle quiescentes. Dans ce cas, la
lettre qui précède ا doit porter un *ustun* prononcé *a*, et très-rarement *è*, dans quelques anciens ouvrages ; celle qui précède le و, un *euturu*, avec le son *o* ou *ou*, *eu*, *u*, et celle qui
précède le ی, un *esreh*, que l'on prononce *i* dur
ou doux ; ex. : بَال *bal* « miel » ; أُولُو *oulou*
« grand » ; اولو *eulu* « qui est mort » ; بِيلَمَك
bilmek « savoir, connaître » ; قِیز *kiz* [1] « jeune
fille ».

On voit que les lettres quiescentes remplis-
sent les fonctions de voyelles.

[1] Aujourd'hui on écrit généralement بلمك et قز.

§ IV. Observations sur les lettres, les voyelles et les signes orthographiques.

Parmi les trente-trois lettres de l'alphabet, quatre sont empruntées au persan ; ce sont پ, چ, ژ et ك ou گ ; une seule est turque, ك *saghir-noun*, c'est-à-dire *noun sourd* ; toutes les autres sont arabes.

Le *lam-élif* n'est point une lettre, mais un groupe composé d'un *lam* et d'un *élif* réunis.

Les transcriptions données dans l'alphabet sont insuffisantes pour indiquer d'une manière exacte la valeur de quelques lettres ; il faut compléter ces indications.

ا, pour lequel on n'a donné aucun équivalent, n'est pas, en turc, une véritable lettre, mais il peut recevoir toutes les voyelles et se prononcer *a*, *i* dur, *o*, *ou*, *è*, *i*, *eu* et *u*.

ح est un *k* guttural. Il répond à peu près à *ch* allemand dans les mots *machen, lachen*. Les Ottomans adoucissent presque toujours la force de cette lettre, et lui donnent le son de *h* aspirée ; ex.: خبر « nouvelle » se prononce *haber*.

ع est, en arabe, une gutturale très-forte. Les Turcs se contentent pour l'ordinaire de faire entendre, en l'allongeant un peu, la voyelle dont cette lettre est affectée ; ex. : عربه « charrette, chariot » prononcez *arabah*.

غ est un *g* très-dur. Aujourd'hui on adoucit presque toujours la prononciation de cette lettre ; ex. : اوُغْلَانْ *oghlan* « jeune garçon » prononcez à peu près *olan*.

ق est un *k* guttural très-fort. Il faut avoir entendu articuler cette lettre pour se former une idée exacte de sa prononciation.

ك répond au son de la lettre *k* articulée très-doucement, ou à notre *c* devant *a, o* et *u*.

كْ ou گ se prononce de l'extrémité des lèvres et d'une manière très-douce, comme dans *guide, guêpe*.

كْ *(saghir-noun)* était, dans l'origine, une réunion des deux lettres ن et ك, et répondait comme valeur à une *n* articulée sourdement et dans laquelle on distinguait quelque chose du son du ك. Cette lettre répond aujourd'hui à notre *n* nasale dans les mots *mon, ton, son;*

quelquefois même on ne la prononce plus. Ainsi,
le mot صُكَرَه « après », que l'on articulait *sonrah*, se prononce aujourd'hui *sorah*.

ل a deux prononciations, l'une gutturale, l'autre douce et semblable à celle de notre *l*.

ه répond à *h* faiblement aspirée. Il est quelquefois surmonté de deux points de cette manière : ة, à la fin de plusieurs mots arabes. Il
prend alors le son de *t*.

ى répond à *y* ou à *i*. Le ى final est surmonté
d'un ا dans certains mots arabes. On doit alors
donner à la voyelle qui le précède le son *a*, et le
ى ne se prononce point ; ex. : بُشْرَى prononcez
bouschra ; مصطفى prononcez *moustafa*.

§ V. Des syllabes.

On distingue les syllabes en naturelles et arti-
ficielles. La syllabe naturelle est toujours formée
d'une consonne et d'une voyelle, comme بَ *ba* ;
ou d'une consonne et d'une voyelle suivie d'une
des trois lettres ا, و, ى quiescentes, comme بَا *ba*,
بى *bi*, بو *bou*, ou enfin d'une voyelle seulement,
comme ا *a*, ا *i*, ا *ou*. La syllabe artificielle se

compose d'une consonne suivie d'une voyelle et d'une autre consonne, comme بَبْ *bab*, ou de deux consonnes séparées par une lettre quiescente, بَابْ *bab*.

Il faut observer que les Turcs ne prononcent jamais deux consonnes de suite avant une voyelle, comme nous faisons dans les mots *blanc*, *brun*, etc. Lorsqu'ils transcrivent avec leurs caractères des mots ou des noms propres étrangers dans lesquels se rencontrent des combinaisons de ce genre, ils y intercalent des voyelles, ou bien encore ils placent un ا au commencement du mot; ex. : فَرَانْسَه *feransa* « France », ازْمِيرْ *izmir* « Smyrne ».

Mais après une voyelle on peut placer deux consonnes de suite; ex. : عبد *abd* (arabe) « esclave, serviteur »; عَقْلْ *akl* (arabe) « intelligence »; مِصْرْ *misr* « Égypte »; اغز *aghz* « bouche ». Cependant, pour l'ordinaire, on introduit une voyelle entre les deux consonnes, et l'on prononce *akil*, *misir*, *aghiz*.

§ VI. Des chiffres et des lettres employées comme signes de numération.

Les chiffres des Turcs ont la même valeur que les nôtres ; mais leur forme est différente. Voici ces chiffres :

١ 1, ٢ 2, ٣ 3, ۴ 4, ٥ 5, ٦ 6, ٧ 7, ٨ 8, ٩ 9, ٠ 0.

On les pose de gauche à droite. Ainsi, 26 s'écrit ٢٦, 32 ٣٢, etc.

Les lettres servent aussi de signes de numération ; elles représentent :

ا 1, ب 2, ج 3, د 4, ه 5, و 6, ز 7, ح 8, ط 9, ى 10, ك 20, ل 30, م 40, ن 50, س 60, ع 70, ف 80, ص 90, ق 100, ر 200, ش 300, ت 400, ث 500, خ 600, ذ 700, ض 800, ظ 900, غ 1000.

Les lettres arabes seules sont employées comme signes de numération. On les écrit toujours de droite à gauche.

Les neuf premières lettres marquent les *unités*, les neuf suivantes les *dizaines*, les neuf autres les *centaines*, et la dernière *mille*.

Dans ce système, 12 s'écrit يب , en commençant toujours par la droite et par le nombre le plus fort.

CHAPITRE II.

RÈGLES D'EUPHONIE ET DE PERMUTATION DES LETTRES.

§ I. Euphonie dans les mots d'origine turque.

Tous les mots turcs se partagent en deux classes, savoir : la classe forte ou dure, et la classe faible ou douce. Ceux de la classe forte doivent toujours se prononcer avec les voyelles fortes *a, i* dur, *o, ou*, et ceux de la classe faible avec les voyelles faibles *è, i, eu, u*. Le mélange des voyelles des deux classes est impossible. Ainsi, le mot اُوْنُتْمَقْلِق *ounoutmaklik* « oubli » a pour voyelles *ou, ou, a, i* dur, toutes de la classe forte. Le mot كُوْپَكْلَر *keupekler* « chiens » ne contient au contraire que des voyelles faibles. Il serait impossible de substituer aux fortes du mot اونتمقلق leurs correspondantes faibles, et de dire *unutmeklik*, tout comme de remplacer les douces de كوپكلر par les fortes correspondantes, ou même d'introduire dans l'un de ces deux mots une seule voyelle de l'autre classe.

Quatre lettres indiquent d'une manière certaine la classe des mots ; ce sont : les deux gutturales fortes ق, et غ, adoucissement de la première, et les deux gutturales faibles ك, et گ, qui en est l'adoucissement.

Tout mot dans lequel se trouve une des deux gutturales fortes se prononce avec des voyelles fortes, et tout mot dans lequel se trouve une des deux gutturales douces se prononce avec des voyelles douces. Ces deux classes de gutturales sont incompatibles, et ne peuvent jamais se rencontrer ensemble dans le même mot.

Quelques expressions composées forment une sorte d'exception à cette règle. Chaque partie du mot conserve alors la classe qui lui est propre ; ex. : آليويرمك *alivermek* « fournir, procurer » ; بقركن *bakarken* « en regardant ».

La présence d'une des quatre gutturales ق, غ, گ, ك, n'est pas indispensable pour reconnaître la classe à laquelle appartient un mot, car les dérivés suivent, sauf quelques rares exceptions, la classe du primitif.

Les lettres suivantes appartiennent à la classe forte : ق, غ, ع, ظ, ط, ض, ص, خ, ح.

L'*élif* surmonté du *medd,* آ, indique toujours la classe forte.

Toutes les autres lettres, savoir : ا, ب, پ, ت, ث, ج, چ, د, ذ, ر, ز, ژ, س, ش, ف, كـ sa-ghir-noun, ل, م, ن, و, ه, ى, sont neutres, c'est-à-dire qu'elles se prononcent avec des voyelles fortes ou des voyelles faibles, suivant la classe du mot dans lequel elles se trouvent.

Le ل s'articule suivant la classe du mot auquel il appartient.

Indépendamment de la distinction des voyelles en fortes et en faibles, il existe encore entre les voyelles d'une même classe des affinités, et pour ainsi dire, des attractions dont il faut tenir compte.

Ces affinités doivent servir de guide dans le choix des voyelles variables des noms, des pronoms affixes et des verbes. L'orthographe se trouve souvent en opposition avec cette prononciation harmonique; ainsi, صانور « il pense » se prononce aujourd'hui *sanir,* et non *sanour ;*

كلوز « il vient », prononcez *guelir*, et non *guelur*;
صقاللو « qui porte la barbe, barbu », prononcez
sakalli, et non *sakallou*.

Voici le tableau des affinités ou des attractions
des voyelles :

CLASSE FORTE OU DURE.

a	appelle	*i* dur.
i dur	—	*i* dur.
o	—	*ou*.
ou	—	*ou*.

CLASSE FAIBLE OU DOUCE.

è	appelle	*i* doux.
i doux	—	*i* doux.
eu	—	*u*.
u	—	*u*.

Ces affinités, comme on voit, sont parfaite-
ment régulières; il est évident, en effet, que *a*
appelant *i* dur, *è* doit appeler *i* doux, etc.

§ II. Application des règles précédentes à la prononciation des syllabes variables des noms.

بابا *baba* « père » fait au génitif بابانك *babanin*, et
à l'accusatif بابایی *babayi*.
يلدز *yildiz* « étoile »; gén. يلدزك *yildizin*; acc.
يلدزى *yildizi*.

قول *kol* « bras »; gén. قولكٯ *koloun*; acc. قولی *kolou*.

قوش *kousch* « oiseau »; gén. قوشكٯ *kouschoun*; acc. قوشی *kouschou*.

او *ev* « maison »; gén. اوكٯ *evin*; acc. اوی *evi*.

دكز *deniz* « mer »; gén. دكزكٯ *denizin*; acc. دكزی *denizi*.

سوز *seuz* « parole »; gén. سوزكٯ *seuzun*; acc. سوزی *seuzu*.

كومش *gumusch* « argent, métal »; gén. كومشكٯ *gu-muschun*; acc. كومشی *gumuschu*.

§ III. Permutations euphoniques des voyelles et des lettres dans les mots turcs.

Les lettres او ou ی seul prennent souvent le son *è*, au lieu de *i* que l'on prononçait autrefois. Ainsi, ایتمك « faire » se prononce *etmek*.

دیمك « dire », prononcez *demek*.

ویرمك « donner », prononcez *vermek*.

ایلچی « ambassadeur », prononcez *eltchi*.

كیجه « nuit », prononcez *guedjeh*.

Les lettres ت, ق, كٯ, affectées d'un *djezm*, se changent ordinairement en leurs douces lorsqu'elles reçoivent une voyelle : ت devient د ; ق devient غ ; كٯ devient گ.

Ainsi, قورت *kourt* « loup » devient au génitif قوردك *kourdoun.*

ایتمك *etmek* « faire » devient, à la première
personne du singulier du présent, ایدرم *ederim*
« je fais ».

De درت ou دورت *deurt* « quatre » dérive
دردنجی *deurdundju* « quatrième ».

چقمق *tchakmak* « briquet » fait چقمغك
tchakmagin au génitif.

Il en est de même aux autres cas où ces différentes lettres se prononcent avec une voyelle.

Quelques mots en très-petit nombre, tels que
اوق *ok* « flèche », etc., font exception à la règle
et conservent le ق dans tous les cas. Les noms
propres le conservent également.

ك devient گ, et dans ce cas on le prononce
presque toujours, non comme *g*, mais, d'une
manière plus adoucie encore, comme *y*. Ainsi,
كوپك *keupek* « chien » fait au génitif كوپكك
keupeyin, etc.

Les lettres ر, ز et س se permutent souvent
dans les mots dérivés d'une même racine ; ex. :
كوز *gueuz* « œil », كورمك *gueurmek* « voir »,

كوسترمك *gueustermek* « montrer (faire voir) » ;
سكز *sekiz* « huit », سكسن *seksen* « quatre-vingts » ;
طقوز *dokouz* « neuf », طقسان *doksan* « quatre-vingt-dix ».

Les gutturales tendent à s'adoucir ou à s'effacer tout à fait en turc, d'abord dans la prononciation, et ensuite dans l'orthographe. Ainsi, de تقی *taki* « encore plus, davantage », on a fait دخی, prononcé d'abord *dakhi*, puis *daha*, et enfin aujourd'hui on écrit même دها. Le mot كنه *guineh* « derechef, de nouveau, » est devenu ینه *ineh*; خاتون *khatoun* « dame » est devenu قادن *kadin*; اوغلان *oghlan* « jeune garçon » se prononce presque *olan*.

§ IV. Euphonie dans les mots arabes et persans.

Les Turcs, comme on vient de le voir, n'admettent dans chaque mot de leur langue qu'une seule classe de sons, savoir, la classe forte ou la classe faible. En articulant des expressions empruntées à l'arabe et au persan, ou à toute autre langue étrangère, ils mêlent ces deux classes ; ex. : متفرق *muteferrik* (arabe) « séparé, dissé-

miné » , où l'on voit que les trois premières syllabes appartiennent à la classe faible, et la dernière à la classe forte ; خرّم (persan) *khourrem*
« agréable ». Ainsi, dans les mots d'origine turque, l'influence d'une gutturale forte ou faible
s'étend à tout le mot, tandis que pour les expressions d'origine étrangère, cette influence est plus
restreinte, et souvent ne dépasse pas la syllabe
dans laquelle se trouve la gutturale.

Les lettres fortes s'articulent avec des voyelles
fortes, les gutturales douces et les lettres neutres, en général avec des voyelles douces.

Lorsqu'une syllabe est composée de deux
consonnes, dont l'une appartient à la classe
forte, la syllabe est presque toujours forte ; ex. :
مقراض *mikraz* (arabe) « ciseaux » , le م prend
une voyelle forte à cause du ق, avec lequel il
forme une syllabe. Le ر prend également une
voyelle de la même classe à cause du ا quiescent
qui le suit et de la lettre forte ض, avec laquelle
il forme une syllabe. Prononcez d'après les
mêmes principes غمزده *gamzedeh* (persan) « af-
fligé » , قربان *kourban* (arabe) « sacrifice ».

Quand la gutturale dure ق fait partie de la seconde syllabe d'un mot, l'influence de cette lettre s'étend sur la première syllabe, et l'on prononce celle-ci avec une voyelle de la classe forte; ex.:

مقاود *makavid,* rênes.

مقاولة *moukavelet,* discours.

Mais s'il y a un *djezm* entre le ق et la syllabe précédente, le ق perd son influence; ex. : مَفْقود (arabe) « privé, dépouillé », prononcez *mefkoud,* et non *mafkoud,* à cause du *djezm* qui empêche l'influence du ق.

Si la syllabe qui précède un ق ou toute autre lettre forte est une particule inséparable arabe ou persane, la gutturale n'exerce aucune influence sur cette particule; ex. : بغير *bigaïri,* et non *bigaïri* (avec *i* dur) « sans » (composé de ب et de غير).

بقدر *bikadri, bi* avec *i* doux, « autant que ».

بقلم *bikalemi, bi* (*i* doux), « avec la plume ».

La dentale ت est une des consonnes qui opposent le plus de résistance à l'influence du ق,

et on la prononce presque toujours avec une
voyelle douce, lorsqu'elle précède immédiatement cette dernière lettre ; ex. : نتقادم *tekadim*
« dons, présents » ; نتقاويم *tekavim* « calen-
driers ».

Cependant, lorsque le ت devant un ق a
pour voyelle un ◌َ, il prend la classe forte ; ex. :
نتقه *tokah* (pers.) « boucle, agrafe » ; نتقى *touka*
(ar.) « crainte de Dieu ».

Le ق exerce peu d'influence sur les syllabes
qui le suivent. Ainsi, on prononce قبيلة *kabilet*
« tribu », قسم *kasem* « serment », قلم *kalem* « ro-
seau pour écrire ».

Cependant, lorsque le ق a pour voyelle un
euturu, et que la consonne qui le suit en a
également un, la position devient plus forte, et
le second *euturu* prend souvent la prononciation de la classe dure ; ex. : قُبُلْ *kouboul* « les
tribus », قُدُسْ *koudous* « sainteté ».

Ces mêmes règles s'appliquent aux mots
persans.

Les autres lettres fortes ont une influence
moins grande que le ق, et quelquefois même,

quoique très-rarement, elles se prononcent avec des voyelles douces ; ex. : محكمه *mehkemè* « tribunal » ; حكيم *hekim* « médecin », que les Turcs altèrent même en حكم ; هكيم *hukm* « jugement, arrêt ».

Les lettres ا et و quiescentes appellent à la première classe la voyelle qui les précède immédiatement ; ex. : كتَاب « livre », prononcez *kitab*, et non *kiteb* ; نُزُولْ « action de descendre », prononcez *nuzoul*, et non *nuzul* ; سرور « joie, gaieté », prononcez *surour*.

La position du و quiescent n'est point aussi forte que celle du ق, et cette lettre ne réagit point sur la syllabe précédente.

Le ك peut se prononcer avec des voyelles de la classe forte, ce qui serait impossible dans un mot turc. Ainsi l'on dit كور *kiour* (ar.) « selle de chameau », گور *ghiour* (pers.) « onagre ».

Quand on joint une terminaison turque de prononciation variable à une expression arabe ou persane, la classe de cette terminaison se règle en général d'après la syllabe qui précède immédiatement. Si l'on ajoute au mot arabe

كتاب *kitab* « livre » le signe du pluriel turc, on prononcera كتابلر *kitablar* « les livres », et non *kitabler,* parce que la dernière syllabe de *kitab* appartient à la classe forte. Cette règle admet quelques exceptions fondées sur l'usage.

CHAPITRE III.

DES PARTIES DU DISCOURS.

On compte en turc neuf sortes de mots ou de parties du discours, savoir : le nom, l'adjectif, le pronom, le verbe, le participe, la postposition, l'adverbe, la conjonction et l'interjection [1].

§ I. Du nom primitif.

Les noms se divisent en primitifs et en dérivés. Les noms primitifs sont ceux qui ne dérivent d'aucun autre mot, comme تكرى *tanri* « Dieu », ارأ *er* « homme », ارسلان *arslan* (vulg. *aslan*) « lion ».

Les noms turcs admettent les nombres et les

[1] On voit qu'il n'y a pas, en turc, d'article déterminatif.

cas, mais ils n'ont pas de genres. Ceux-ci sont déterminés tantôt par la dénomination différente du mâle et de la femelle, comme خروس *horos* « coq », تاوق *tavouk* « poule »; tantôt aussi par les mots اوغلان *oglan* (vulg. *olan*) « jeune garçon », ار *er* « homme », اركك *erkek* « homme » et « mâle », قز *kiz* « jeune fille », قرى *kari* « femme », pour l'espèce humaine.

اركك *erkek* « mâle », دشى *dischi* « femelle », pour les animaux.

ار قرنداش *er karindasch* (vulg. *kardasch*) « frère », قز قرنداش *kiz kardasch* « sœur ».

دشى ارسلان *dischi arslan* « une lionne ». On dit aussi ارسلان دشيسى *arslan dischisi*, c.-à-d. « la femelle du lion », ou plus littéralement encore, « du lion sa femelle ».

Le pluriel se forme au moyen du suffixe لر, que l'on prononce *lar* avec les mots de la classe forte, et *ler* avec ceux de la classe douce; ex. : آو *av* « chasse » fait au pluriel آولر *avlar* « les chasses »; او *ev* « maison » fait اولر *evler* « les maisons ».

Les mots arabes et persans se règlent pour

l'ordinaire, comme nous l'avons dit (pages 22 et 23), sur la dernière syllabe.

Les cas sont au nombre de six, savoir : le nominatif, le génitif, le datif, l'accusatif, le vocatif et l'ablatif.

§ II. Déclinaisons.

Il y a, en turc, deux déclinaisons, savoir : la déclinaison forte et la déclinaison faible. La première renferme tous les mots de la classe forte, et la seconde tous ceux de la classe faible.

PARADIGME DE LA DÉCLINAISON FORTE.

SINGULIER.

Nom.	آو	av,	la chasse.
Gén.	آوك	avin,	de la chasse.
Dat.	آوه	avah,	à la chasse.
Acc.	آوي	avi,	la chasse.
Voc.	يا آو	ya av,	ô chasse !
Abl.	آودن	avdan,	de ou par la chasse.

PLURIEL.

Nom.	آولر	avlar,	les chasses.
Gén.	آولرك	avlarin,	des chasses.

3

Dat.	آولره	*avlarah,*	aux chasses.
Acc.	آوليـرى	*avlari,*	les chasses.
Voc.	يا اولر	*ya avlar,*	ô chasses !
Abl.	آولردن	*avlardan,*	des chasses ou par les chasses.

PARADIGME DE LA DÉCLINAISON FAIBLE.

SINGULIER.

Nom.	او	*ev,*	la maison.
Gén.	اوكـث	*evin,*	de la maison.
Dat.	اوه	*eveh,*	à la maison.
Acc.	اوى	*evi,*	la maison.
Voc.	يا او	*ya ev,*	ô maison !
Abl.	اودن	*evden,*	de ou par la maison.

PLURIEL.

Nom.	اولر	*evler,*	les maisons.
Gén.	اولركث	*evlerin,*	des maisons.
Dat.	اولره	*evlereh,*	aux maisons.
Acc.	اولرى	*evleri,*	les maisons.
Voc.	يا اولر	*ya evler,*	ô maisons !
Abl.	اولردن	*evlerden,*	des maisons ou par les maisons.

Observations sur les déclinaisons.

On voit que les deux déclinaisons ne diffèrent que par la classe des voyelles.

Les noms terminés par ا, و, ه et ى modifient au singulier les trois cas suivants :

Gén.	نـكـڭ	au lieu de	كـڭ
Dat.	يه	—	ه
Acc.	يـى	—	ى

Ces terminaisons se prononcent suivant les règles d'euphonie. Les autres cas et le pluriel sont réguliers.

Les noms terminés par ت changent cette lettre en د au génitif, au datif et à l'accusatif singuliers, où elle reçoit une voyelle au lieu d'un *djezm*. Les noms terminés par ق le changent en غ dans les mêmes cas. Ainsi, قورت *kourt* « loup » fait قوردڭ *kourdoun*, چقمق *tchak-mak* « briquet » fait چقمغڭ *tchakmagin*, etc.

Les noms propres et quelques substantifs en petit nombre, comme اوق *ok* « flèche », etc., conservent ق dans tous leurs cas.

Les mots terminés par ك changent, *dans la*

prononciation, cette lettre en ﯕ, que l'on prononce *guié,* ou plutôt *yè.* Ainsi, كوپك *keupek*
« chien » fait au génitif كوپكﯓ *keupèyn;* mais
on n'écrit jamais كوپكﯓ.

Nous avons fait plus haut (p. 17) une partie
de ces observations.

Il n'existe, en turc, qu'un seul nom qui soit
réellement irrégulier, c'est le mot صو *sou* « eau ».
Voici comment il se décline :

PARADIGME DU NOM IRRÉGULIER

صو *sou* « eau ».

SINGULIER.

Nom.	صو	*sou,*	l'eau.
Gén.	صوﯕﯓ	*souyoun,*	de l'eau.
Dat.	صويه	*souyah,*	à l'eau.
Acc.	صويى	*souyou,*	l'eau.
Voc.	يا صو	*ya sou,*	ô eau !
Abl.	صودن	*soudan,*	de ou par l'eau.

CHAPITRE IV.

DE L'ADJECTIF ET DES DEGRÉS DE COMPARAISON.

L'adjectif turc précède toujours son substantif. Il n'admet ni nombres, ni cas, et demeure
par conséquent invariable. Souvent il remplit les
fonctions d'adverbe. Quelquefois il est pris substantivement, et alors il est soumis aux nombres
et aux cas, comme les substantifs. Ainsi on dit:

كوزل آدم *guzel adam*, homme beau.

كوزل قارى *guzel kari*, femme belle, etc.

On exprime le comparatif en mettant à l'ablatif le nom substantif qui suit le *que* français, et
qui est le second terme de la comparaison. L'adjectif reste toujours invariable; ex.:

مفت سركه بالدن طاتلو در *muft sirkeh baldan tatli dir,*
vinaigre qui ne coûte rien est plus doux que du miel.

En ajoutant دخى *daha,* ou sa modification
récente دها « encore plus, davantage », après
le second terme de la comparaison, on augmente
la force du premier terme; ex. : بواندن دخى

5.

كوزلدر *bou ondan daha guzel dir* « ceci est encore plus beau que cela ».

Autrefois on formait les comparatifs en ajoutant aux adjectifs les suffixes رق *rak* pour la classe forte, et رك *rek* pour la classe douce ; ex. : آلچقرق *altchakrak* « plus bas, inférieur » ; كوزلرك *guzelrek* « plus beau ».

Pour l'ordinaire, lorsqu'on trouve ces formes en رق et en رك employées avec des adjectifs terminés par ق et par ك, la gutturale finale est supprimée en raison de l'euphonie, et l'on écrit آلچرق *altcharak* au lieu de آلچقرق *altchakrak* « inférieur » ; بيورك *buyurek* pour بيوكرك *buyukrek* « plus grand » ; كوچرك *kutchurek* pour كوچكرك *kutchukrek* « plus petit », etc.

Le superlatif se forme en ajoutant au positif des adverbes, tels que پك *pek* « très, extrêmement » ; چوق *tchok* « beaucoup » ; اكث *en* « le plus » ou « excessivement », et quelques autres ; ex. : پك كوزل *pek guzel* « très-beau » ; اكث كوزل *en guzel* « le plus beau ».

On exprime encore le superlatif en mettant le substantif au génitif, et en ajoutant à l'adjec-

tif le pronom affixe de la 3ᵉ personne; ex. :
آدملرك كوزلى *adamlarin guzeli* « le plus beau
des hommes », mot-à-mot, « des hommes son
(leur) plus beau ».

§ II. Adjectifs démonstratifs.

Les adjectifs démonstratifs sont au nombre de
six, savoir : بو *bou* « ce, cette »; اشبو *ischbou*,
qui offre le même sens, bien que par sa composition il paraisse avoir une valeur plus forte [1];
شول *schol* et شو *schou,* أول *ol* ou او *ŏ* « ce,
cette ». او أول ou *est aussi le pronom de la
3ᵉ personne.

Les adjectifs démonstratifs sont invariables,
comme tous les adjectifs; mais quelquefois ils
deviennent substantifs, et alors ils se déclinent.
Dans ce cas, بو doit se rendre en français par

---

[1] اشبو *ischbou* est composé de بو, dont nous venons de
parler, et de أش ou أيش *isch*, que l'on prononce aussi
usch, et qui, sans aucun doute, est un mot de la même fa-
mille et du même sens que أوز *euz* « même ». Le mélange
des classes prouve que ce mot est composé de deux éléments distincts. Dans le principe, اشبو signifiait probable-
ment *celui-ci même.*

celui-ci, celle-ci, cela ; شول, شو, اول ou او, par
celui-là, celle-là, cela.

Voici la déclinaison de بو :

Nom.   بو   *bou,*   celui-ci, celle-ci, ceci.

Gén. بونـكـ   *bounoun,*   de celui-ci, de celle-ci, de ceci.

Dat. بوكا   *bouna,*   à celui-ci, etc.

Acc. بونى   *bounou,*   celui-ci, etc.

Abl. بوندن   *boundan,*   de ou par celui-ci, etc.

Déclinez de même شو.

La déclinaison de اول *ol* ou او *o* offre plusieurs
anomalies. On la trouvera dans les pronoms.

CHAPITRE V.

DES NOMS DE NOMBRE.

Les noms de nombre se divisent en quatre
classes, savoir : les noms de nombre cardinaux,
ordinaux, distributifs et fractionnaires. Les premiers indiquent seulement le nombre, comme
بر *bir* « un », ايكى *iki* « deux » ; les seconds,
le nombre et l'ordre, comme : برنجى *birindji*
« le premier » ; les troisièmes servent à marquer

une répartition proportionnelle et relative, comme : برر *birer* « un à un », ou « un à chacun »; les derniers indiquent les fractions.

NOMS DE NOMBRE CARDINAUX.

بر	*bir,*	un.
ایکی	*iki,*	deux.
اوچ	*utch,*	trois.
دورت ou درت	*deurt,*	quatre.
بش	*besch,*	cinq.
آلتی	*alti,*	six.
یدی	*yedi,*	sept.
سکز	*sekiz,*	huit.
طقوز	*dokouz,*	neuf.
اون	*on,*	dix.
اون بر	*on bir,*	onze.
اون ایکی	*on iki,*	douze, et ainsi de suite jusqu'à dix-neuf inclusivement.
یکرمی	*yiyrmi,*	vingt.
اوتوز	*otouz,*	trente.
قرق	*kirk,*	quarante.
اللی	*elli,*	cinquante.
آلتمش	*altmisch,*	soixante.
یتمش	*yetmisch,*	soixante et dix.

سكسن *seksen,*   quatre-vingts.

طوقسان *doksan,*   quatre-vingt-dix.

يوز *yuz,*   cent.

ايكى يوز *iki yuz,*   deux cents, et ainsi de suite jusqu'à mille exclusivement.

بيڭ *bin,*   mille.

ايكى بيڭ *iki bin,*   deux mille, etc.

يوك *yuk,*   cent mille.

مليون *milioun,*   un million.

En turc, les nombres suivent le même ordre qu'en français, du plus fort au moindre. Ainsi, 1855 s'écrirait بيڭ سكز يوز اللى بش *bin sekiz yuz elli besch,* en nommant d'abord les mille, puis les centaines, ensuite les dizaines, et enfin les unités.

On ne place jamais la conjonction entre les nombres, comme en français dans *vingt* et *un.*

Les nombres cardinaux sont presque toujours adjectifs, et par conséquent ils se placent avant la chose nombrée et demeurent invariables. Quelquefois ils sont pris substantivement, et alors ils admettent des cas ; ex. : الليدن متجاوز *elliden mutedjâviz* « plus de cinquante (litté-

ralem. d'une cinquantaine) » ; اوچيوزدن متجاوز
utchyuzden mutedjâviz « plus de trois cents ».

Le mot qui représente la chose nombrée reste toujours au singulier ; ex.: قرق وزير *kirk vezir* « quarante vizirs », et non قرق وزيرلر *kirk vezirler*.

On place souvent avant le nom de la chose nombrée un des mots نفر *nefer* « une personne », lorsqu'il s'agit de l'espèce humaine ; باش *basch* ou رأس *rèes* « tête », quand il est question de gros bétail ; قطعه *kita* « partie, morceau, section », ou پاره *pareh* « pièce, morceau, fragment », en parlant de corps qui ne sont point doués de vie, et pour les objets sortis de la main des hommes ; دانه *daneh* « grain » pour un grand nombre d'êtres et d'objets, et particulièrement pour les choses de petite dimension, et enfin عدد *aded* « nombre », qui s'applique presque à toutes choses ; ex.:

بش نفر آدم *besch nefer adam*, cinq (personnes) hommes ;

بش رأس صغر *besch rèes sighir*, cinq (têtes de) bêtes bovines.

بش پاره سفينه *besch pareh sefinè,* cinq (pièces de) navires.

بـش دانه انجى *besch daneh indji,* cinq (grains de) perles.

La cause de cet usage est facile à concevoir. Les substantifs turcs, au singulier, sont pris souvent dans un sens collectif. Il devenait utile, dès lors, d'ajouter un mot pour en restreindre l'étendue. De même, en français, nous disons *cinq têtes de bétail.*

NOMS DE NOMBRE ORDINAUX.

Les noms de nombre ordinaux se forment des cardinaux en ajoutant à ceux-ci نجى *indji, indji, oundjou, undju,* lorsque le nombre cardinal est terminé par une consonne affectée d'un *djezm,* et en supprimant le ى final des noms de nombre terminés par cette lettre ; ex. : de بر *bir* « un » on fait برنجى *birindji* « premier » ; de ايكى *iki* « deux », ايكنجى *ikindji* « second ». La terminaison نجى doit toujours s'harmoniser avec le mot auquel elle est jointe. Voici la table des noms de nombre ordinaux :

برنجی *birindji*, premier.

ایکنجی *ikindji*, second.

اوچنجی *utchundju*, troisième.

درد نجی ou دورد نجی *deurdundju* (de ت ,درت change en د, pag. 16 et 17), quatrième.

بشنجی *beschindji*, cinquième.

آلتنجی *altindji*, sixième.

يد نجی *yedindji*, septième.

سكزنجی *sekizindji*, huitième.

طقوزنجی *dokouzoundjou*, neuvième.

اوننجی *onoundjou*, dixième.

اونبرنجی *onbirindji*, onzième, et ainsi de suite, jusqu'à dix-neuf inclusivement.

يكرمنجی *yiyirmindji*, vingtième.

اوتوزنجی *otouzoundjou*, trentième.

قرقنجی *kirkindji*, quarantième.

اللنجی *ellindji*, cinquantième.

آلتمشنجی *altmischindji*, soixantième.

يتمشنجی *yetmischindji*, soixante et dixième.

سكسننجی *seksenindji*, quatre-vingtième.

طقساننجی *doksanindji*, quatre-vingt-dixième.

يوزنجی *yuzundju*, centième.

بيكنجی *binindji*, millième.

4

NOMS DE NOMBRE DISTRIBUTIFS.

Les noms de nombre distributifs se forment en ajoutant aux noms de nombre cardinaux le suffixe رَ *ar* ou *er*, suivant la classe, si le mot est terminé par une lettre affectée d'un *djezm*; ex.: برر *birer* « un à un », ou « un à chacun »; اوچر *utcher* « trois à trois », ou « trois à chacun ».

Mais si le nom de nombre cardinal est terminé par un ى quiescent, on ajoute à ce mot le suffixe شر, qui se prononce *schar* ou *scher*, suivant la classe du mot qui le précède; ex.: ايكيشر *ikischer* « deux à deux », ou « deux à chacun »; آلتيشر *al-tischar* « six à six », ou « six à chacun ».

درت *deurt* fait دردر *deurder* « quatre à quatre », ou « quatre à chacun ».

Pour les nombres qui dépassent cent quatre-vingt-dix-neuf, c'est le mot qui indique le nombre des centaines et des mille qui prend le suffixe ر ou شر; ex.: ايكيشر يوز *ikischer yuz* « deux cents par deux cents », ou « deux cents à chacun »; ايكيشريوز بيك ايكيشر *ikischer bin ikischer yuz* « deux mille deux cents à deux mille

deux cents », ou « deux mille deux cents à chacun ».

DES NOMBRES FRACTIONNAIRES.

Les nombres fractionnaires s'expriment en
turc de la manière suivante : اوچده بر *utchdeh bir*
« dans trois un », c'est-à-dire « un tiers » ;
بشده بر *beschdeh bir* « dans cinq un », c'est-à-
dire « un cinquième ».

CHAPITRE VI.

DES PRONOMS.

§ I. Pronoms personnels.

Il y a en turc deux sortes de pronoms personnels, savoir : les pronoms personnels isolés,
et les pronoms personnels affixes.

Les pronoms personnels isolés sont ainsi
nommés, parce qu'ils forment à eux seuls un
mot séparé et distinct. Ils admettent les nombres
et les cas, mais ils n'ont pas de genres. Ainsi,
اول *ol,* pronom de la 3ᵉ personne du singulier,
signifie à la fois *il* et *elle.*

Voici comment se déclinent ces différents pronoms :

PRONOMS ISOLÉS DE LA PREMIÈRE PERSONNE.

SINGULIER.

Nom.	بن *ben,*	je ou moi.
Gén.	بنم *benim,*	de moi.
Dat.	بكا *bana,*	à moi.
Acc.	بنى *beni,*	moi.
Abl.	بندن *benden,*	de ou par moi.

PLURIEL.

Nom.	بز ou بزلر *biz* ou *bizler,*	nous.
Gén.	بزم *bizim,*	de nous.
Dat.	بزه *bizeh,*	à nous.
Acc.	بزى *bizi,*	nous.
Abl.	بزدن *bizden,*	de ou par nous.

PRONOMS ISOLÉS DE LA SECONDE PERSONNE.

SINGULIER.

Nom.	سن *sen,*	toi.
Gén.	سنك *senin,*	de toi.
Dat.	سكا *sana,*	à toi.
Acc.	سنى *seni,*	toi.
Voc.	يا سن *ya sen,*	ô toi !
Abl.	سندن *senden,*	de ou par toi.

PLURIEL.

Nom.	سز ou سزلر	*siz* ou *sizler*,	vous.
Gén.	سزك	*sizin*,	de vous.
Dat.	سزه	*sizeh*,	à vous.
Acc.	سزی	*sizi*,	vous.
Voc.	یا سز	*ya siz*,	ô vous !
Abl.	سزدن	*sizden*,	de ou par vous.

PRONOMS ISOLÉS DE LA TROISIÈME PERSONNE.

SINGULIER.

Nom.	اول ou او	*ol* ou *o*,		il, elle, lui.
Gén.	انك	*anin*,	vulg. *onoun*,	de lui, etc.
Dat.	اكا	*ana*,	» *ona*,	à lui.
Acc.	انی	*ani*,	» *onou*,	lui.
Abl.	اندن	*andan*,	» *ondan*,	de ou par lui.

PLURIEL.

Nom.	انلر	*anlar*,	vulg. *onlar*,	ils, eux.
Gén.	انلرك	*anlarin*,	» *onlarin*,	d'eux.
Dat.	انلره	*anlarah*,	» *onlarah*,	à eux.
Acc.	انلری	*anlari*,	» *onlari*,	eux.
Abl.	انلردن	*anlardan*,	» *onlardan*,	d'eux ou par eux.

PRONOM *AFFIXE DE LA PREMIÈRE PERSONNE.*

م, qui se prononce *am, im, om, oum; em, im, eum* [1]*, um.*

Dans les mots terminés par ´ suivi d'un ا, il se prononce *am*; ex.: بابام *babam* « mon père », ou plus littéralement « le père de moi ».

Dans les mots terminés par ´ suivi d'une ou de deux consonnes de la classe forte, il se prononce *im* (avec *i* dur); ex. : قرنداشم *karinda-schim* (vulg. *kardaschim*) « mon frère »; اغزم *aghzim* « ma bouche ».

Dans les mots dont la dernière voyelle est *ou*, il devient *oum*; ex. : قورقوم *korkoum* « ma crainte ».

Après la terminaison ـه *eh*, on prononce *em*; ex. : كوپهم *kupehm* « mon pendant d'oreille »; والدهم *validehm* « ma mère ». Mais lorsque le ه qui termine le mot est aspiré, il reçoit une voyelle;

---

[1] Il n'existe pas, je crois, de nom turc proprement dit qui finisse en *o* ou en *eu*; mais on rencontre ces terminaisons dans quelques mots d'origine étrangère : dès lors, il faut admettre les combinaisons *om* et *eum*.

ex. : پادشاهم *padischahim* « mon roi » ; پناهم *pe-nahim* « mon refuge ». Après *e* ou *i* (doux), *im* ; ex. : اوم *evim* « ma maison » ; ايم *ipim* « ma corde ».

Les voyelles *eu* et *u* donnent à l'affixe le son *um* ; ex. : سوز *seuz* « parole » fait سوزم *seuzum* « ma parole » ; گل *guiul* « rose » fait گلم *guiu-lum* « ma rose ».

PRONOM AFFIXE DE LA SECONDE PERSONNE.

ك *n* « ton » ou « de toi » se prononce avec les huit voyelles, absolument comme l'affixe de la 1re personne م ; ex. : باباك *baban* « ton père » ; گلك *guiulun* « ta rose », etc.

PRONOM AFFIXE DE LA TROISIÈME PERSONNE.

ی « de lui, son » donne *i* dur pour voyelle à la lettre qui le précède, lorsque celle-ci est elle-même précédée de *a* ou de *i* dur. Ainsi, de باش *basch* « tête », قز *kiz* « fille », on fait باشی *bachi* « sa tête », قزی *kizi* « sa fille ».

ی se prononce *ou* après les mots dont la dernière voyelle est *o* ou *ou* suivi d'une consonne. Ainsi, طوز *toz* « poussière » et طوز *touz*

risi « son un, un d'eux », et هپسی *hepsi* « son tout, le tout ».

La déclinaison des noms avec les affixes des deux premières personnes n'offre aucune difficulté. Ainsi, on dit اوغلم *ogloum* (vulgairem. *oloum*) « mon fils »; dat. اوغلمه *ogloumah*, etc.; اوغلكڭ *ogloun* « ton fils »; gén. اوغلكڭ *oglounoun*. Voici la déclinaison de la 3ᵉ personne:

AFFIXES DE LA TROISIÈME PERSONNE.

SINGULIER.

Nom.	اوغلی	*oglou*,	son fils.
Gén.	اوغلینڭ	*oglounoun*,	de son fils.
Dat.	اوغلینه	*oglounah*,	à son fils.
Acc.	اوغلینی	*oglounou*,	son fils.
Abl.	اوغلیندن	*ogloundan*,	de ou par son fils.

PLURIEL.

Nom.	اوغللری	*ogoullari*,	ses fils ou leurs fils.
Gén.	اوغللرینڭ	*ogoullarinin*,	de ses fils ou de leurs fils.
Dat.	اوغللرینه	*ogoullarinah*,	à ses fils ou à leurs fils.
Acc.	اوغللرینی	*ogoullarini*,	ses fils ou leurs fils.
Abl.	اوغللریندن	*ogoullarindan*,	de ou par ses fils ou leurs fils.

L'affixe سی *si* se décline de la manière suivante :

SINGULIER.

Nom.   اناسی *anasi*,   sa mère.
Gén.   اناسینك *anasinin*,   de sa mère.
Dat.   اناسینه *anasinah*,   à sa mère.
Acc.   اناسینی *anasini*,   sa mère.
Abl.   اناسیندن *anasindan*, de ou par sa mère.

Le pluriel est régulier et se décline comme
اوغللری *ogoullari*. Ainsi, on dirait انالری *analari*
« ses » ou « leurs mères », etc.

On supprime souvent le ی de cet affixe, et
l'on écrit اوغلنك « de son fils », et même
اناسین et اناسن *anasin,* pour اناسینی.

L'affixe de la 3ᵉ personne du singulier joue
un très-grand rôle dans la langue turque. On
l'emploie surtout pour indiquer les rapports qui,
en français, sont marqués par la préposition *de,*
comme, اللّٰهك قولی *allahin koulou* « serviteur
de Dieu »; زیدك کتابی *zeïdin kitabi* « le livre
de Zeïd »; ou plus littéralem. « de Dieu son serviteur, de Zeïd son livre ». On voit que l'affixe
accompagne toujours l'antécédent.

§ II. **Manière d'exprimer les pronoms réfléchis.**

Le pronom réfléchi se rend en turc par کندو
kendu et کندی *gendi* « même, propre ». On
emploie ce mot avec tous les pronoms affixes, ou
seul, lorsque la phrase ne présente pas d'am-
phibologie.

Ainsi, on dit کندو *kendu*, کندی *gendi*, inva-
riablement pour toutes les personnes du singulier
et du pluriel, et ce mot peut signifier *moi–même,
toi–même, lui–même* ou *elle–même, soi–même,
nous–mêmes, vous–mêmes, eux–mêmes* ou *elles-
mêmes*. Lorsque la clarté l'exige, on dit, avec les
affixes :

کندم *kendim* ou کندوم *kendum*, moi-même.
کندك *kendin*, toi-même.
کندوسی *kendusi* ou *kendisi*, lui-même ou elle-même.
کندومز *kendumuz* ou *kendimiz*, nous-mêmes.
کندوكز *kendiniz* ou *kendunuz*, vous-mêmes.
کندولو *kendiler* ou کندلری *kendileri*, eux-mêmes ou
elles-mêmes.

Les affixes qui sont joints au mot کندو se déclinent régulièrement.

CHAPITRE VII.

DU VERBE.

Il y a en turc deux sortes de verbes, savoir : les verbes primitifs et les verbes dérivés.

Le verbe primitif est celui qui n'ajoute à la racine que les lettres nécessaires pour la formation des modes, des temps, des personnes et des nombres. Ainsi, بقمق *bakmak* « regarder », سومك *sevmek* « aimer », sont des verbes primitifs, parce qu'ils ne se composent que des racines بق *bak* et سو *sev,* et des terminaisons مق *mak* et مك *mek* de l'infinitif.

Les verbes dérivés du primitif prennent, après la racine et avant la terminaison, une ou plusieurs lettres caractéristiques des voix et des formes.

Voici le tableau de ces différents verbes dérivés :

1. Du primitif سومك *sevmek,* aimer, dérivent :

2. Le négatif, سوممك *sevmemek,* ne pas aimer.

5

3. L'impossible, سوه‌مك *sevehmemek*, ne pouvoir pas aimer.

4. Le causatif, سودرمك *sevdirmek*, faire aimer.

5. Le négatif du causatif, سودرمك *sevdirmemek*, ne pas faire aimer.

6. L'impossible du causatif, سودره‌مك *sevdirehmemek*, ne pouvoir pas faire aimer.

7. Le passif, سولمك *sevilmek*, être aimé.

8. Le négatif du passif, سولمك *sevilmemek*, n'être pas aimé.

9. L'impossible du passif, سوله‌مك *sevilehmemek*, ne pouvoir pas être aimé.

10. Le causatif du passif, سولدرمك *sevildirmek*, faire que quelqu'un soit aimé.

11. Le réfléchi, سونمك *sevinmek*, s'aimer, se plaire, se réjouir.

12. Le négatif du réfléchi, سونمك *sevinmemek*, ne pas s'aimer (soi-même).

13. L'impossible du réfléchi, سونده‌مك *sevinehmemek*, ne pouvoir pas s'aimer.

14. Le causatif du réfléchi, سوندرمك *sevindirmek*, se faire aimer.

15. Le négatif du causatif du réfléchi, سوندرمك *sevindirmemek*, ne pas se faire aimer.

16. L'impossible du causatif du réfléchi, سوندره‌مك *se-vindirehmemek*, ne pouvoir pas se faire aimer.

17. Le réciproque, سویشمك *sevischmek*, s'entr'aimer, s'aimer réciproquement.

18. Le négatif du réciproque, سویشمه‌مك *sevischmemek*, ne pas s'aimer réciproquement.

19. L'impossible du réciproque, سویشه‌مك *sevischehme-mek*, ne pouvoir pas s'aimer réciproquement.

20. Le passif du réciproque, سویشلمك *sevischilmek*, s'être aimé réciproquement.

21. Le négatif du passif du réciproque, سویشلمه‌مك *sevi-schilmemek*, ne pas s'être aimé réciproquement.

22. L'impossible du passif du réciproque, سویشلمه‌مك *sevischelehmemek*, ne pouvoir pas s'être aimé réciproquement.

23. Le causatif du réciproque, سویشدرمك *sevischtirmek*, faire qu'on s'aime réciproquement.

24. Le négatif du causatif du réciproque, سویشدرمه‌مك *sevischtirmemek*, ne pas se faire aimer réciproquement.

25. L'impossible du causatif du réciproque, سویشدره‌مك *sevischtirehmemek*, ne pouvoir pas se faire aimer réciproquement.

Observations sur la forme et la valeur des différentes espèces de verbes dérivés.

Les règles générales de formation des verbes dérivés admettent plusieurs exceptions. Quelquefois l'euphonie oblige à changer les lettres formatives, et. même les radicales. Nous allons indiquer ces différentes permutations.

FORME D'IMPOSSIBILITÉ. — Les verbes dont la racine est terminée par une voyelle ou par ا, و ou ى quiescents, prennent à cette forme يه, au lieu de ه après la racine ; ex. : سويلمك *seuïlemek* « parler », سويليه‌ممك *seuïleyehmemek* « ne pouvoir pas parler »; اوقومق *okoumak* « lire », اوقويه‌ممق *okouyahmamak* « ne pouvoir pas lire ».

FORME CAUSATIVE. — Quand la dernière lettre de la racine est un ر ou un ل, le causatif se forme par un ت ; ex. : كتورمك *guietirmek* « apporter », كتورتمك *guietirtmek* « faire apporter ».

La même règle a lieu lorsque la racine est terminée par une voyelle ou par une lettre quies-

cente; ex.: سویلمك seuïlemek « parler »,
سویلتمك seuïletmek « faire parler »; اوقومق
okoumak « lire », اوقوتمق okoutmak « faire
lire ».

Les racines monosyllabiques suivent ordinairement la règle générale. Ainsi, بلمك bilmek
« savoir » donne بلدرمك bildirmek « faire savoir ». Cependant ایرمك irmek « parvenir, atteindre, » devient ایرکورمك irguirmek ou ir-
geurmek « faire parvenir, faire atteindre », en
conservant la syllabe کور, qui est une des caractéristiques qu'affecte le verbe causatif dans les
dialectes tartares.

Quelques racines monosyllabiques terminées
par ج et par ش forment leur causatif par ر;
comme, کیچمك guietchmek « passer », کیچورمك
et کیچرمك guietchirmek « faire passer », etc.

FORME PASSIVE. — Les verbes dont la racine
est terminée par une voyelle, par ا, و ou ی
quiescents ou par un ل, prennent pour caractéristique un ن au lieu d'un ل, et la voyelle ou
la lettre quiescente qui termine la racine sert à
lier le radical avec la formative, en rejetant l'es-

reh و ; ex. : سویلمك *seuïlemek* « parler »,

سویلنمك *seuïlenmek* « être dit », et non *seuï-
leïnmek* ou *seuïleïlmek*, comme *sevilmek.*

Les verbes dont la racine est terminée par un
ت changent cette lettre en د (Voy. pages 16 et
17); ex. : یراتمق *yaratmak* « créer » donne
یرادلمق *yaradilmak* « être créé ».

FORME RÉCIPROQUE. — Les racines terminées
par une voyelle ou par ا, و ou ی quiescents, se
lient à la formative ش sans l'intermédiaire de
l'*esreh*, qui est rejeté. Ainsi, سویلمك *seuïlemek*
« parler » fait سویلشمك *seuïleschmek* « parler
ensemble, causer », et non *seuïleïschmek.*

Les racines qui ont pour voyelle un *euturu*
changent le plus souvent en *ou* ou en *u* le son
i qui précède le ش; ainsi, کورمك *guieurmek*
« voir » fait کورشمك *guieuruschmek* « se voir,
se rencontrer ».

Les formes dérivées que l'on a indiquées dans
le tableau ne sont pas toutes, à beaucoup près,
usitées pour chaque verbe.

La forme négative seule ne se conjugue pas
régulièrement.

Il existe encore, outre ces dérivés, d'autres verbes formés de substantifs et d'adjectifs arabes, persans et turcs, par l'addition d'un ل avant la terminaison. Ainsi, du nom arabe سلام *selam* « salut » on a fait سلاملمق *selamlamak* « saluer »; du turc ايش *isch* « affaire, chose, travail, » vient ايشلمك et اشلمك *ischlemek* « travailler, faire une chose, faire un travail ». D'autres formes dérivent encore de celles-ci.

Il faut observer que le passif des verbes en لمق et لمك se forme naturellement par un ن. Ainsi, l'on dit ايشلنمك *ischlenmek* « se faire » ou « être fait [1] ».

Les Turcs remplacent souvent les verbes attributifs par des noms arabes et persans, auxquels ils joignent des verbes turcs, tels que

---

[1] Il y a tout lieu de supposer que le ل qui entre dans la composition de ces sortes de verbes est un reste de la racine de ايلمك *eïlemek* « faire », et que ايشلمك *ischlemek* n'est pas autre chose que ايش ايلمك *isch eïlemek*. Les lettres radicales ا ي auront disparu, comme cela arrive dans le verbe ايم *im* « je suis », et dans ايله *ileh* « avec », qui devient له.

اِيلمكك اولمق *olmak* « être », اِيتمكك *etmek*, eïlemek, قلمق *kilmak* « faire », et quelques au-tres. Ainsi, au lieu du verbe attributif turc اونتمق *onoutmak* « oublier », ils peuvent employer le substantif persan فراموش *feramousch* « oubli », et dire فراموش اِيتمكك *feramousch etmek* « ou-blier (litt. faire oubli) ».

Les formes dérivées conservent en général le sens qui leur est propre; cependant il existe quelques exceptions à la règle. On a pu le re-marquer dans le réfléchi سونمكك *sevinmek*, qui veut dire proprement *s'aimer soi-même*, mais que l'on n'emploie guère que dans le sens de *se réjouir*.

De la conjugaison en général.

La division de tous les mots de la langue tur-que en deux classes, établit naturellement deux conjugaisons pour les verbes, comme deux dé-clinaisons pour les noms. Les verbes de la classe forte appartiennent à la conjugaison forte ou dure, ceux de la classe faible à la conjugaison faible ou douce. La première a l'infinitif terminé en مق *mak,* la seconde en مك *mek.* Les lettres et les voyelles formatives de la conjugaison forte sont empruntées à la classe forte et aux lettres neutres ; les lettres et les voyelles formatives de la conjugaison douce sont empruntées à la classe douce et aux lettres neutres.

Les modes sont au nombre de cinq, savoir : l'impératif, l'indicatif, le subjonctif ou optatif, le conditionnel et l'infinitif.

Les temps sont simples ou composés. Ceux-ci se forment au moyen des deux verbes substantifs et auxiliaires ايم *im* « je suis » et اولمق *olmak* « être ».

Nous allons donner la conjugaison de ces deux verbes. Le premier appartient à la classe douce, il est défectif ; le second est régulier, il appartient à la classe forte et servira de paradigme pour la conjugaison des verbes de cette classe.

CONJUGAISON DU VERBE SUBSTANTIF DÉFECTIF

(classe faible).

INDICATIF. — PRÉSENT.

Singulier.	ايم	*im,*	je suis.
	سن	*sin,*	tu es.
	در	*dir,*	il est.
Pluriel.	ايز	*iz,*	nous sommes.
	سكز	*siniz,*	vous êtes.
	درلر	*dirler,*	ils sont.

PASSÉ.

Sing.	ايدم	*idim,*	j'étais, je fus, j'ai été.
	ايدك	*idin,*	tu étais, etc.
	ايدى	*idi,*	il était.
Pl.	ايدك	*idik,*	nous étions.
	ايدكز	*idiniz,*	vous étiez.
	ايديلر	*idiler,*	ils étaient.

PASSÉ INDÉTERMINÉ.

Sing.	ايمشم	*imischim,*	j'ai été.
	ايمشسن	*imischsin,*	tu as été.
	ايمش	*imisch,*	il a été.
Pl.	ايمشز	*imischiz,*	nous avons été.
	ايمشسكز	*imischsiniz,*	vous ayez été.
	ايمشدرلر ou ايمشلر	*imischler* ou *imischdirler,* ils ont été.	

PLUS-QUE-PARFAIT.

ايمش ايدم *imisch idim,* j'avais été;

et ainsi de suite pour les autres personnes, en laissant ايمش invariable et en conjuguant ايدم comme ci-dessus.

CONDITIONNEL. — PRÉSENT.

Sing.	ايسم	*isem,*	si je suis.
	ايسكْ	*isen,*	si tu es.
	ايسه	*iseh,*	s'il est.
Pl.	ايسكْ	*isek,*	si nous sommes.
	ايسكْز	*iseniz,*	si vous êtes.
	ايسهلر	*isehler,*	s'ils sont.

PASSÉ.

Sing.	ايسيدم	*iseïdim,*	si j'étais, si j'ai été.
	ايسيدكْ	*iseïdin,*	si tu étais, etc.
	ايسيدى	*iseïdi,*	s'il était.
Pl.	ايسيدكْ	*iseïdik,*	si nous étions.
	ايسيدكْز	*iseïdiniz,*	si vous étiez.

ايسيديلر ou ايسهلردى *iseïdiler* ou *isehlerdi,* s'ils étaient.

PLUS-QUE-PARFAIT.

ايمش ايسم *imisch isem,* si j'avais été, etc.;

et de même pour toutes les autres personnes, en conjuguant seulement ايسم.

INFINITIF. — PASSÉ (déclinable).

ايدوك *idik* ou *iduk,*   avoir été.

PARTICIPE PRÉSENT.

ايكن *iken* (par aphérèse, كن *ken*), étant.

PARTICIPE PASSÉ INDÉTERMINÉ.

ايمش *imisch,*   été.

Observations sur le verbe substantif défectif ايم.

Ce verbe, comme on voit, n'a qu'un très-petit nombre de temps.

La première personne du singulier du présent ايم vient de l'inusité ايمك *imek* « être », et se compose du radical اِي et de م, pronom affixe de la 1re personne. سن est le pronom de la 2e personne, légèrement modifié dans la prononciation. در est la forme apocopée de دورر *dourour,* 3e pers. du sing. du présent de دورمق *dourmak* « être », et درلر en est le pluriel. Quoique ces deux personnes viennent d'un verbe de la classe forte, elles prennent, comme tout l'auxiliaire ايم, la classe du mot qui les précède et auquel on les réunit dans la prononciation.

Lorsque در et درلر sont isolés, on les prononce,

malgré leur origine, *dir* et *dirler,* avec des voyelles de la classe douce.

ایز est une dérivation des pronoms tartares میز *miz* ou بیز *biz* « nous ». La labiale a disparu [1] et a été remplacée dans l'écriture par ا, qu'exige le système graphique des Turcs.

سكُز représente le pronom de la 2ᵉ pers. du pluriel. Aussi trouve-t-on pour tous les verbes سز *siz,* au lieu de سكُز; mais la première forme n'est plus guère usitée aujourd'hui dans le dialecte ottoman pur.

Le conditionnel prend un س caractéristique de ce mode.

L'infinitif ایدوك *idik* ou *iduk,* composé de la 3ᵉ pers. du sing. du passé ایدی *idi* et de که *kih,* signifie littéralement *qui a été.*

Le participe présent ایکن *iken* est une forme tartare régulière conservée pour ce verbe dans le dialecte ottoman. Lorsque par aphérèse ایکن devient کن *ken,* la racine a complétement disparu, et il ne reste plus que la terminaison.

[1] Comme dans بولق *bolmak* (tartare), qui est devenu اولق *olmak;* بیله *bileh,* qui a fait ایله *ileh,* etc.

6

Le participe passé ايمش *imisch*, comme en général tous les participes terminés en مش, emporte une idée d'indétermination, et quelquefois même de doute.

Dans les temps composés des verbes, la racine ایر disparaît totalement ou en partie, et l'on peut écrire pour ایم *im*, يم et م; pour ایز,يز et ز; pour ایدم *idim*, دم, et ainsi de suite pour toutes les personnes du passé.

Quelques grammairiens paraissent considérer comme des verbes les expressions composées دكلم *deguilim* (vulg. *deïlim*) « je ne suis pas », يوقدر *yoktour* « il n'y a pas » et واردر *vardir* « il y a ». Cette opinion manque d'exactitude. دكل est, quant au sens, une négation. On la joint au verbe substantif défectif pour remplacer la forme négative qui manque à ce verbe. Il en est de même de l'adverbe négatif يوق.

وار, quoiqu'à ma connaissance on ne l'ait pas encore remarqué, est le participe présent apocopé de وارمق *varmak* [1] « aller, marcher ». Ce verbe, d'un usage très-fréquent, perd dans un

¹ وار pour وارر *varar*, comme در pour دورر.

grand nombre de cas la signification attributive qui lui est propre, pour devenir une sorte de verbe substantif.

PARADIGME DE LA CONJUGAISON FORTE OU DURE.

VERBE SUBSTANTIF اولمق *OLMAK*. = بوطمق‎ *test.*

IMPÉRATIF.

Sing.	اول *ol,*	sois.
	اولسون *olsoun* (vulg. *osoun*), qu'il soit.
Pl.	اولالم / اولهلم } *olalim,*	soyons.
	اولكز *olounouz,*	} soyez.
	اولك *oloun,*	
	اولسونلر *olsounlar,*	qu'ils soient.

INDICATIF. — PRÉSENT HABITUEL ET FUTUR.

Sing.	اولورم *olouroum,*	je suis.
	اولورسن *oloursoun,*	tu es.
	اولور *olour,*	il est.
Pl.	اولورز *olourouz,*	nous sommes.
	اولورسكز *oloursounouz,*	} vous êtes.
	اولورسز *oloursouz,*	
	اولورلر *olourlar,*	ils sont.

PRÉSENT ACTUEL.

Sing.   اوليورم   *olouyoroum,*   je suis (actuellement).

اوليورسن   *olouyorsoun,*   tu es.

اوليور   *olouyor,*   il est.

Pl.   اوليورز   *olouyorouz,*   nous sommes.

اوليورسكز   *olouyorsounouz,*   vous êtes.

اوليورلر   *olouyorlar,*   ils sont.

IMPARFAIT HABITUEL,

employé aussi pour le subjonctif présent et passé :

« Je serais, j'aurais été. »

Sing.   اولوردم   *olourdoum,*   j'étais.

اولوردك   *olourdoun,*   tu étais.

اولوردى   *olourdou,*   il était.

Pl.   اولوردق   *olourdouk,*   nous étions.

اولوردكز   *olourdounouz,*   vous étiez.

اولورلردى   *olourlardi,*   ils étaient.

On écrit aussi اولورايدم *olour idim* et اولور ايدم
olouroudoum, etc., en laissant le participe اولور
invariable et en conjuguant ايدم comme ci-dessus, p. 58.

IMPARFAIT ACTUEL RELATIF OU DÉTERMINÉ.

اوليوردم   *olouyordoum,*   j'étais (à un moment
                               donné).

اوليوردك   *olouyordoun,*   tu étais, etc.;

en ajoutant après اوليور les terminaisons de l'imparfait habituel.

On écrit aussi اوليور ايدم *olouyor idim,* et les deux mots réunis en un, *olouyoroudoum.*

IMPARFAIT INDÉTERMINÉ,

employé quelquefois pour le présent.

Sing. اولورمشم *olourmouschoum,*   j'étais, j'ai été.

اولورمشسن *olourmouschsoun,*   tu étais, tu as été.

اولورمش *olourmousch,*   il était, etc.

Pl. اولورمشز *olourmouschouz,*   nous étions.

اولورمشسكز *olourmouschsounouz,* vous étiez.

اولورمشلر *olourmouschlar,*   ils étaient.

On écrit aussi اولور ايمشم *olour imischim,* que l'on prononce habituellement *olour-oumouschoum,* etc. La 3ᵉ pers. du plur. est اولورلر ايمش *olourlar imisch* et اولور ايمشلر *olour imischler.*

PARFAIT.

Sing. اولدم *oldoum,*   je fus, j'ai été.

اولدك *oldoun,*   tu fus, tu as été.

اولدى *oldou,*   il fut, il a été.

Pl. اولدق *oldouk,*   nous fûmes, nous avons été.

اولدكز *oldounouz,* vous fûtes, vous avez été.

اولديلر *oldoular,*   ils furent, ils ont été.

6.

PARFAIT INDÉTERMINÉ.

Sing.   اولمشم   *olmouschoum,*   j'ai été, je fus.

       اولمشسن   *olmouschsoun,*   tu as été, etc.

       اولمشدر   *olmouschdour,*   il a été.

Pl.   اولمشز   *olmouschouz,*   nous avons été.

       اولمشسكز   *olmouschsounouz,*   vous avez été.

       اولمشلر   *olmouschlar,*   ils ont été.

PLUS-QUE-PARFAIT DÉTERMINÉ.

Sing.   اولديدم   *oldouydoum,*   j'avais été.

       اولديدك   *oldouydoun,*   tu avais été.

       اولديدى   *oldouydou,*   il avait été.

Pl.   اولديدق   *oldouydouk,*   nous avions été.

       اولديدكز   *oldouydounouz,*   vous aviez été.

       اولديدلر   *oldouydoular,*   ils avaient été.

On dit aussi اولدمدى اولدكدى *oldoumdou* et *oldoundou,* les autres personnes comme le précédent. On écrit encore اولدم ايدى *oldoum idi,* en conjuguant *oldoum,* etc., et en laissant *idi* invariable; et enfin اولدى ايدم *oldou idim,* en conjuguant seulement ايدم.

PLUS-QUE-PARFAIT INDÉTERMINÉ.

Sing.   اولمشدم   *olmouschdoum,*   j'avais été.

       اولمشدك   *olmouschdoun,*   tu avais été.

أولمشدى *olmouschdou,* il avait été.

Pl. أولمشدق *olmouschdouk,* nous avions été.

أولمشدكز *olmouschdounouz,* vous aviez été.

أولمشلردى *olmouschlardi,*
أولمشديلر *olmouschdoular,* } ils avaient été.

On écrit aussi اولش ايدم *olmouschoudoum*
ou *olmousch idim,* etc.

FUTUR.

Sing. اولاجغم *oladjaghim,* je serai.

اولاجقسن *oladjaksin,* tu seras.

اولاجق *oladjak,* il sera.

Pl. اولاجغز *oladjaghiz,* nous serons.

اولاجقسكز *oladjaksiniz,* vous serez.

اولاجقلر *oladjaklar,*
اولاجقدرلر *oladjakdirlar,* } ils seront.

SECOND FUTUR.

S. اولاجق ايدم *oladjak idim,* j'allais être, j'étais sur le point d'être.

اولاجق ايدك *oladjak idin,* tu allais être, etc.

اولاجق ايدى *oladjak idi,* il allait être.

P. اولاجق ايدك *oladjak idik,* nous allions être.

اولاجق ايدكز *oladjak idiniz,* vous alliez être.

اولاجقلر ايدى *oladjaklar idi,* ils allaient être.

On dit aussi :

Sing. اولاجغدم   *oladjaghidim.*

اولاجغدك   *oladjaghidin.*

اولاجغدى   *oladjaghidi.*

Pl. اولاجغدق   *oladjaghidik.*

اولاجغدكز   *oladjaghidiniz.*

اولاجقلردى   *oladjaklardi.*

TROISIÈME FUTUR.

اولاجق اولدم   *oladjak oldoum,* j'allais être, j'étais sur le point d'être, etc.;

en conjuguant اولدم seulement.

FUTUR ABSOLU OU DE NÉCESSITÉ.

اولملو ايم   *olmali im,*   il faut que je sois, etc.;

en conjuguant ايم.

SUBJONCTIF OU OPTATIF. — PRÉSENT ET FUTUR.

Sing. اولام   *olam,*

اولهم   *olahm,*   } que je sois.

اولايم   *olayim,*

اولاسن   *olasin,*   que tu sois.

اولا / اوله   *ola,*   qu'il soit.

Pl. اولاوز   *olariz* ou *olavouz,* }

اولايز   *olayiz,*   } que nous soyons.

اولالم   *olalim,*

اولاسكز *olasiniz,*   que vous soyez.

اولالر *olalar,*   qu'ils soient.

PASSÉ.

Sing.   اولايدم *olaydim,*   que je fusse, que j'eusse

                            été.

اولايدك *olaydin,*   que tu fusses, etc.

اولايدى *olaydi,*   qu'il fût.

Pl.   اولايدق *olaydik,*   que nous fussions.

اولايدكز *olaydiniz,*   que vous fussiez.

اولالردى *olalardi,*

اولايديلر *olaydilar,*   } qu'ils fussent.

Pour les autres verbes, l'usage permet de séparer les deux mots, comme, بقه ايدم *bakah idim* « que je regardasse, que j'eusse regardé ».

CONDITIONNEL. — PRÉSENT ET FUTUR.

Sing.   اولورسم *oloursam,*   si je suis.

اولورسك *oloursan,*   si tu es.

اولورسه *oloursah,*   s'il est.

Pl.   اولورسق *oloursak,*   si nous sommes.

اولورسكز *oloursaniz,*   si vous êtes.

اولورلرسه *olourlarsah,*

اولورسهلر *oloursahlar,*   } s'ils sont.

PRÉSENT ET IMPARFAIT.

Sing. اولسم *olsam,*   si je suis, si j'étais.

اولسـك *olsan,*   si tu es, etc.

اولسه *olsah,*   s'il est.

Pl. اولسق *olsak,*   si nous sommes.

اولسكز *olsaniz,*   si vous êtes.

اولسهلر *olsahlar,*   s'ils sont.

IMPARFAIT ET PLUS-QUE-PARFAIT.

Sing. اولسيدم *olsaydim,*   si j'étais, si j'avais été.

اولسـيـدك *olsaydin,*   si tu étais, etc.

اولسيدى *olsaydi,*   s'il était.

Pl. اولسيدق *olsaydik,*   si nous étions.

اولسـيـدكز *olsaydiniz,*   si vous étiez.

اولسيديلر *olsaydilar,*   s'ils étaient.

On écrit aussi اولسه ايدم, etc.

PLUS-QUE-PARFAIT.

اولمش ايسم *olmousch isem,*   si j'avais été, etc.;

en conjuguant ايسم.

INFINITIF. — PRÉSENT (déclinable).

اولمق *olmak,*   être.

PASSÉ (déclin.).

اولدق *oldouk,*   avoir été.

PASSÉ COMPOSÉ.

اولمش اولمق *olmousch olmak,* avoir été.

FUTUR.

اولاجق اولمق *oladjak olmak,* devoir être.

PARTICIPES. — PRÉSENT (déclin.).

اولان *olan,* étant, qui est.

PRÉSENT ET FUTUR.

اولور *olour,* étant, qui est, qui sera.

PASSÉ.

اوليجق *olidjak,* ayant été, après avoir été.

اولالى *olali,* depuis que j'ai été, tu
  as été, etc.

PASSÉ DÉCLINABLE.

اولدق *oldouk,* été, qui a été.

PASSÉ INDÉTERMINÉ.

اولمش *olmousch,* été, qui a été.

FUTUR.

اولاجق *oladjak,* qui sera.

اولملو *olmali,* qui doit être nécessairement.

اوليسر *olisar* (peu usité), devant être.

PARTICIPE INDÉTERMINÉ.

اولوب *oloup,* étant ou ayant été.

Observation. — Le verbe اولمق *olmak* peut servir de paradigme pour les autres verbes de la conjugaison forte.

PARADIGME DE LA CONJUGAISON D'UN VERBE PRIMITIF DE LA CLASSE FAIBLE OU DOUCE.

Les verbes primitifs de cette classe se conjuguent de la même manière que ceux de la classe forte, en ayant soin toutefois de substituer des gutturales et des voyelles douces aux gutturales et aux voyelles fortes.

IMPÉRATIF.

Sing.	سو	*sev,*	aime.
	سوسون	*sevsin,*	qu'il aime.
Pl.	سوه لم	*sevehlim,*	aimons.
	سويكز	*seviniz,*	aimez.
	سويك	*sevin,*	
	سوسونلر	*sevsinler,*	qu'ils aiment.

INDICATIF. — PRÉSENT HABITUEL ET FUTUR.

Sing.	سورم	*severim,*	j'aime.
	سورسن	*seversin,*	tu aimes.
	سور	*sever,*	il aime.

Pl. سورز *severiz,* nous aimons.

سورسكز *seversiniz,*

سورسز *seversiz,* } vous aimez.

سورلر *severler,* ils aiment.

PRÉSENT ACTUEL.

Sing. سويورم *seveyoroum,* j'aime (actuellement).
سوه يورم

سويورسن *seveyorsoun,* tu aimes.

سويور *seveyor,* il aime.

Pl. سويورز *seveyorouz,* nous aimons.

سويورسكز *seveyorsounouz,*

سويورسز *seveyorsouz,* } vous aimez.

سويورلر *seveyorlar,* ils aiment.

IMPARFAIT HABITUEL,

employé aussi pour le conditionnel présent et passé :

« J'aimerais, j'aurais aimé. »

Sing. سوردم *severdim,* j'aimais.

سوردك *severdin,* tu aimais.

سوردى *severdi,* il aimait.

Pl. سوردك *severdik,* nous aimions.

سوردكز *severdiniz,* vous aimiez.

سورلردى *severlerdi,*

سورديلر *severdiler,* } ils aimaient.

On écrit aussi سور ايدم *sever idim* « j'ai-

7

mais », etc., en laissant le participe سور invariable et en conjuguant ايدم comme pour la classe
forte (p. 64).

(p. 64)

IMPARFAIT ACTUEL RELATIF OU DÉTERMINÉ.

سويوردم	*seveyordoum,*	j'aimais (à un moment
سوﻪيوردم	*sevehyordoum,*	donné, etc.;
سويور ايدم	*seveyor idim,*	

comme la conjugaison forte (p. 64).

(p. 64)

IMPARFAIT INDÉTERMINÉ,
employé quelquefois pour le présent.

Sing.	سورمشم	*severmischim,*	j'aimais.
	سورمشسن	*severmischsin,*	tu aimais.
	سورمشدر	*severmischdir,*	il aimait.
	سورمش	*severmisch,*	
Pl.	سورمشز	*severmischiz,*	nous aimions.
	سورمشسكز	*severmischsiniz,*	vous aimiez.
	سورمشسز	*severmischsiz,*	
	سورمشلر	*severmischler,*	ils aimaient.
	سورلر ايمش	*severler imisch,*	

On écrit aussi سور ايمشم *sever imischim*, etc.,
et à la 3e pers. du pl. سورلر ايمش *severler imisch*
et سور ايمشلر *sever imischler.*

PARFAIT.

Sing. سودم *sevdim,* j'aimai, j'ai aimé.

سودكت *sevdin,* tu aimas, etc.

سودى *sevdi,* il aima.

Pl. سودكك *sevdik,* nous aimâmes.

سودكز *sevdiniz,* vous aimâtes.

سوديلر *sevdiler,* ils aimèrent.

PARFAIT INDÉTERMINÉ.

Sing. سومشم *sevmischim,* j'ai aimé, j'aimai.

سومشسن *sevmischsin,* tu as aimé, etc.

سومشدر *sevmischdir,* } il a aimé.

سومش *sevmisch,* }

Pl. سومشز *sevmischiz,* nous avons aimé.

سومششكز *sevmischsiniz,* } vous avez aimé.

سومششسز *sevmischsiz,* }

سومشلردر *sevmischlerdir,* } ils ont aimé.

سومشلو *sevmischler,* }

PLUS-QUE-PARFAIT DÉTERMINÉ.

Sing. سوديدم *sevdidim,* j'avais aimé, etc.:

comme pour la conjugaison forte, et à la 1re pers.
du plur. سوديدك *sevdidik,* avec la gutturale
faible.

De même pour les autres formes (p. 66).

FUTUR.

Sing. سوه جكم *sevehdjeyim*,
سوجكم *sevedjeyim*, } j'aimerai, etc. V. p. 67.

SECOND FUTUR.

سوه جك ايدم *sevehdjek idim*, j'allais aimer, j'étais sur
le point d'aimer, etc.; p. 67.

TROISIÈME FUTUR.

سوه جك اولدم *sevehdjek oldoum*, j'allais aimer, j'étais
sur le point d'aimer, etc.; p. 68.

FUTUR ABSOLU OU DE NÉCESSITÉ.

سوملو ايم *sevmeli im*, il faut que j'aime, etc.;
p. 68.

SUBJONCTIF OU OPTATIF. — PRÉSENT ET FUTUR.

Sing. سوم *sevem*,
سوهم *sevehm*, } que j'aime.
سوهيم *sevehim*,
سوهسن *sevehsin*, que tu aimes.
سوه *seveh*, qu'il aime.

Pl. سوهيز *sevehyiz*,
سوهوز *sevehvuz*, } que nous aimions.
سوهلم *sevehlim*,
سوهسكز *sevehsiniz*,
سوهسز *sevehsiz*, } que vous aimiez.
سوهلر *sevehler*, qu'ils aiment.

PASSÉ.

Sing. سویدم *seveïdim,* que j'aimasse, que j'eusse aimé, etc.

On écrit aussi سوه ایدم *seveh idim,* etc. Voy. p. 69.

CONDITIONNEL. — PRÉSENT ET FUTUR.

سورسم *seversem,*
سور ایسم *sever isem,* } si j'aime, etc.; p. 69.

PRÉSENT ET IMPARFAIT.

Sing. سوسم *sevsem,* si j'aime, si j'aimais;

et à la 1ʳᵉ pers. du pl. سوسك *sevsek,* etc. Voy. p. 70.

IMPARFAIT ET PLUS-QUE-PARFAIT.

Sing. سوسیدم *sevseydim,*
سوسه ایدم *sevseh idim,* } si j'aimais, si j'avais aimé, etc.; p. 70.

PLUS-QUE-PARFAIT.

سومش ایسم *sevmisch isem,* si j'avais aimé, etc.

INFINITIF. — PRÉSENT (déclinable).

سومك *sevmek,* aimer.

PASSÉ (déclin.).

سودك *sevdik,* avoir aimé.

PASSÉ COMPOSÉ.

سومش اولمق *sevmisch olmak,* avoir aimé.

7.

FUTUR.

سوهجك اولمق *sevehdjek olmak,*
سوجك اولمق *sevedjek olmak,* } devoir aimer.

PARTICIPES. — PRÉSENT (déclin.).

سون *seven,* aimant, qui aime.

PRÉSENT ET FUTUR.

سور *sever,* aimant, qui aime, qui aimera.

PASSÉ.

سويجك *sevidjek,* ayant aimé, après avoir aimé.

سوهلو *sevehli,* depuis que j'ai aimé, que tu as aimé, etc.

PASSÉ DÉCLINABLE.

سودك *sevdik,* aimé, qui a aimé.

PASSÉ INDÉTERMINÉ.

سومش *sevmisch,* aimé, qui a aimé.

FUTUR.

سوهجك *sevehdjek,*
سوجك *sevedjek,* } devant aimer, qui doit aimer.

سوملو *sevmeli,* qui doit aimer nécessairement.

سوسر et سويسر *seviser* (peu usité), devant regarder.

PARTICIPE INDÉTERMINÉ.

سووب *sevip,* aimant ou ayant aimé.

Observation. — La conjugaison de سومك contient quelques formes peu usitées, omises dans le verbe substantif اولمق.

Observations sur les modes et les temps des verbes.

IMPÉRATIF. — Ce mode doit être placé le premier dans l'ordre de la conjugaison, parce qu'à la 2ᵉ pers. du sing. il offre le thème ou la racine du verbe, comme اول *ol* « sois », بق *bak* « regarde ». Cependant, lorsque la racine est terminée par une voyelle, on y ajoute un ه quiescent pour indiquer que la lettre précédente doit être affectée d'une voyelle et non d'un *djezm*. Ainsi, سويلمك *seuïlemek* « parler » s'écrit à l'impératif سويله *seuïleh,* parce que sans cette lettre on prononcerait *seuïl*. C'est là une nécessité orthographique sans aucune portée grammaticale.

On trouve dans quelques ouvrages anciens غيل *ghil* et كيل *guil* après l'impératif, et surtout après la seconde personne du sing. de ce mode,

comme بق غيل *bak ghil* « regarde », سوكيل
sev guil « aime [1] ».

L'impératif indique quelquefois en turc le
désir, la concession et la condition. Ces différentes acceptions peuvent se déduire autant de
l'emploi que de la forme de ce mode. En effet,
les deux troisièmes personnes prennent un س
caractéristique du conditionnel, et quelques autres s'écrivent avec un ه caractéristique de l'optatif.

INDICATIF. — *Présent habituel.* Ce temps se
forme du participe présent et futur auquel on
ajoute comme terminaison, pour les deux premières personnes du sing. et du pl., les mêmes
personnes du présent du verbe auxiliaire défectif ايم *im* « je suis ». Ainsi, de بقمق *bakmak*
« regarder » on fait بقرم *bakarim,* pour بقر ايم
bakar im « je suis regardant ». بقر ايم réuni à
perd sa racine et subit l'influence de la classe

---

[1] Ces deux suffixes viennent, suivant toute apparence,
de قيل ou قل *kil,* impératif du verbe قلمق *kilmaq* «faire»,
en sorte que بق غيل signifierait littéralement « fais l'action de regarder ».

forte. Les mêmes observations s'appliquent aux autres personnes. La troisième personne du sing. ne reçoit aucune terminaison après le participe; celle du pluriel prend le signe de ce nombre لر, sans lequel on ne pourrait pas la distinguer du sing. Ce présent conserve la double valeur temporelle du participe dont il est formé, et on l'emploie aussi pour le futur.

Nous l'appelons *habituel* parce qu'il indique un état, une manière d'être qui supposent de la durée.

On trouve dans quelques anciens ouvrages la terminaison بن pour la première pers. du sing., au lieu de م.

سكز, terminaison de la seconde pers. du pl., est aujourd'hui infiniment plus usité dans le dialecte ottoman que سز. Nous avons déjà eu occasion de faire cette remarque.

Présent actuel. Il se forme du radical, après lequel on ajoute يور *yor.* Cette syllabe conserve toujours la même prononciation, quelle que soit d'ailleurs la classe du verbe auquel on la joint.

Les terminaisons sont les mêmes que pour le

présent habituel. Ce temps indique un état actuel et qui peut être transitoire ; ainsi, بقیورم *bakayoroum* signifie *je regarde dans ce moment, je suis occupé à regarder.*

يور *yor* est la racine du verbe يوریمك *yurimek* ou يورمك *yurumek* « marcher, avancer, courir ». Ce verbe a passé à la classe forte en composition, et par une anomalie étrange il ne la quitte jamais.

Imparfait actuel. Ce temps se forme par l'intercalation de يور *yor,* comme le présent actuel. Il indique une époque plus précise que l'imparfait habituel.

Imparfait indéterminé. Ce temps, comme tous ceux dans la composition desquels entre le participe passé en مش, se rapporte ordinairement à une époque déjà écoulée, mais vague et indéterminée ; quelquefois aussi il a le sens du présent.

Parfait. Il se forme du radical du verbe, auquel on ajoute دم, دك, etc., pour ایـدم, ایدك, etc.

Le subjonctif ou l'optatif a pour caractéristique un ه, et le conditionnel un س.

Infinitif présent. Il se décline, et dans ce cas il perd souvent les gutturales finales ق et ك, que l'on remplace par un ه, comme بقمه *bakmah*, سومه *sevmeh*, au lieu de بقمق *bakmak* et سومك *sevmek*.

Lorsqu'on le décline, il peut devenir un véritable nom d'action ; mais quelquefois aussi il conserve l'idée de temps.

Infinitif passé. اولدق *oldouk* et سودك *sevdik* se composent de اولدى كه *oldou kih*, سودى *sevdi kih*, comme nous l'avons dit pour ايدك *idik* (pag. 61).

L'infinitif passé se décline, mais il conserve toujours l'idée de temps. On ne peut donc jamais le considérer comme un nom d'action. Il est aussi participe.

Participe présent et futur. Ce participe est quelquefois sujet à des irrégularités quand le radical se termine par ت, ر, ل ou ن. Ainsi, de ايتمك *etmek*, faire, vient ايدر *eder*, faisant, qui fait ;

يراتمق *yaratmak,* créer, vient يرادر *yaradir,* créant,
qui crée;

ويرمك *vermek,* donner, — ويرر *verir,* donnant,
qui donne;

اورمق *vourmak,* frapper, — اورور *vourour,* frappant,
qui frappe;

آلمق *almak,* prendre, — آلور *alir,* prenant,
qui prend;

صنمق *sanmak,* penser, — صنور *sanir,* pensant,
qui pense;

et encore quelques autres pour lesquels il faut se conformer aux règles d'euphonie.

De la conjugaison des verbes dérivés.

Nous avons déjà observé que tous les verbes dérivés se conjuguent régulièrement, à l'exception du verbe négatif (pag. 54). Ainsi, le passif de سومك *sevmek* « aimer » étant سولمك *sevil-mek,* le présent doit être سولورم *sevilirim* « je suis aimé », سولورسن *sevilirsin* « tu es aimé », etc.

Les autres formes n'offrent également aucune difficulté. Voici la conjugaison du verbe négatif.

PARADIGME DE LA CONJUGAISON DU VERBE NÉGATIF

سومهك *sevmemek* « ne pas aimer »

(classe douce).

IMPÉRATIF.

Sing.	سومه	*sevmeh,*	n'aime pas.
	سومسون	*sevmesin,*	qu'il n'aime pas.
Pl.	سوميهلم	*sevmeyehlim,*	n'aimons pas.
	سوميكز	*sevmeyiniz,*	
	سوميكث	*sevmeyin,*	n'aimez pas.
	سومكث	*sevmen,*	
	سومسونلر	*sevmesinler,*	qu'ils n'aiment pas.

INDICATIF. — PRÉSENT HABITUEL ET FUTUR.

Sing.	سومم	*sevmem,*	je n'aime pas.
	سومزم	*sevmezim,*	
	سومزسن	*sevmezsin,*	tu n'aimes pas.
	سومز	*sevmez,*	il n'aime pas.
Pl.	سوميز	*sevmeyiz,*	nous n'aimons pas.
	سومزز	*sevmeziz,*	
	سومزسكز	*sevmezsiniz,*	vous n'aimez pas.
	سومزسز	*sevmezsiz,*	
	سومزلر	*sevmezler,*	ils n'aiment pas.

PRÉSENT ACTUEL.

S.	سوميورم	*sevmeycroum,*	je n'aime pas (actuellement).

8

سوميورسن *sevmeyorsoun,*   tu n'aimes pas.

سوميور *sevmeyor,*   il n'aime pas.

Pl. سوميورز *sevmeyorouz,*   nous n'aimons pas.

سوميورسكز *sevmeyorsounouz,*
سوميورسز *sevmeyorsouz,* } vous n'aimez pas.

سوميورلر *sevmeyorlar,*   ils n'aiment pas.

IMPARFAIT HABITUEL.

سومز ايدم *sevmez idim,*   je n'aimais pas, etc.;

en conjuguant seulement ايدم. On écrit aussi

سومزدم *sevmezdim,* etc.

IMPARFAIT ACTUEL RELATIF OU DÉTERMINÉ.

سوميوردم *sevmeyoridim,*   je n'aimais pas, etc.

La troisième pers. du pluriel est سومبوردیلر

sevmeyoridilar « ils n'aimaient pas (à un mo-

ment donné) ».

IMPARFAIT INDÉTERMINÉ,
employé aussi pour le présent.

سومز ايمشم *sevmez imischim,*   je n'aimais pas, etc.;

en conjuguant seulement ايمش, comme ci-de-

vant, pag. 58.

PARFAIT.

سومدم *sevmedim,* je n'aimai pas, je n'ai pas aimé, etc.;

comme le parfait du verbe primitif, pag. 75.

PARFAIT INDÉTERMINÉ.

سومیشم *sevmemischim,* je n'ai pas aimé, etc.;

comme le verbe primitif, pag. 75.

PLUS-QUE-PARFAIT INDÉTERMINÉ.

سومش ایدم *sevmemisch idim,* je n'avais pas aimé, etc.;

en conjuguant ایدم.

FUTUR.

سومیه جكم *sevmeyehdjeyim,*
سومیجكم *sevmeyedjeyim,* } je n'aimerai pas, etc.;

avec les terminaisons du primitif, pag. 76.

FUTUR ABSOLU OU DE NÉCESSITÉ.

سومملو ایم *sevmemeli im,* il faut que je n'aime
pas, etc.;

en conjuguant ایم, comme dans le primitif, p. 76.

SUBJONCTIF OU OPTATIF. — PRÉSENT.

Sing. سومیه یم *sevmeyehim,*
سومیم *sevmeyem,* } que je n'aime pas.

سومیهسن *sevmeyehsin,* que tu n'aimes pas.

سومیه *sevmeyeh,* qu'il n'aime pas.

Pl. سومیه یز
سومیه ایز } *sevmeyehiz,* que nous n'aimions pas.

سومیهسكز *sevmeyehsiniz,*
سومیهسز *sevmeyehsiz,* } que vous n'aimiez pas.

سومیهلر *sevmeyehler,* qu'ils n'aiment pas.

PASSÉ.

سومیه ایدم *sevmeyeh idim*, que je n'aimasse pas, que
je n'eusse pas aimé, etc.;

en conjuguant ایدم.

PASSÉ INDÉTERMINÉ.

سومیش اولام *sevmemisch olam*, que je n'eusse pas aimé;
en conjuguant اولام, comme ci-devant, pag. 68.

PLUS-QUE-PARFAIT INDÉTERMINÉ.

سومیش اولایدم *sevmemisch olaydim*, que je n'eusse pas
aimé, etc.;

en conjuguant اولایدم, comme pag. 69.

CONDITIONNEL. — PRÉSENT.

سومز ایسم *sevmez isem,*
سومزسم *sevmezsem,* } si je n'aime pas, etc.;

en conjuguant ایسم, comme pag. 59.

PRÉSENT ET IMPARFAIT.

Sing. سومسم *sevmesem,* si je n'aime pas, si je
n'aimais pas.

سومسك *sevmesen,* si tu n'aimes pas, etc.

سومسه *sevmesch,* s'il n'aime pas.

Pl. سومسك *sevmesek,* si nous n'aimons pas.

سومسكز *sevmeseniz,* si vous n'aimez pas.

سومسهلر *sevmesehler,* s'ils n'aiment pas.

PLUS-QUE-PARFAIT INDÉTERMINÉ.

سومش ايسم *sevmemisch isem,* si je n'avais pas aimé, etc.;
en conjuguant ايسم, comme page 59.

INFINITIF. — PRÉSENT (déclin.).

سومك *sevmemek,* ne pas aimer.

PASSÉ (déclin.).

سومدك *sevmedik,* n'avoir pas aimé.

PARTICIPES. — PRÉSENT (déclin.).

سومين *sevmeyen,* n'aimant pas.

PRÉSENT ET FUTUR.

سومز *sevmez,* n'aimant pas, qui n'aime
pas, qui n'aimera pas.

PASSÉ.

سوميجك *sevmeyidjek,* n'ayant pas aimé, après
n'avoir pas aimé.

سوميه لو *sevmeyehli,* depuis que je n'ai pas
aimé, que tu n'as pas aimé, etc.

PASSÉ (déclin.).

سومدك *sevmedik,* n'ayant pas aimé.

PASSÉ INDÉTERMINÉ.

سومش *sevmemisch,* n'ayant pas aimé.

FUTUR.

سوميه جك *sevmeyehdjek,* } ne devant pas aimer.
سوميجك *sevmeyedjek,*

8.

سومه‌لو *sevmemeli,*   devant nécessairement
ne pas aimer.

سومه‌یسر *sevmeïser* (peu us.), ne devant pas aimer.

PARTICIPE INDÉTERMINÉ.

سومه‌یوب *sevmeyip,*   n'aimant pas, n'ayant
pas aimé.

Observation. — Les verbes de la classe forte prennent des gutturales et des voyelles dures.

La forme d'impossibilité se conjugue comme celle de négation en ajoutant un ه après le radical; ex.: سوه‌مم *sevehmem* « je ne puis pas aimer »; بقه‌مم *bakahmam* « je ne puis pas regarder ».

CHAPITRE VIII.

DE LA POSTPOSITION.

Les mots destinés à servir d'exposants entre les deux termes d'un rapport, se placent toujours en turc après le conséquent. On doit donc les appeler postpositions.

Les postpositions sont en très-petit nombre dans la langue turque; on supplée à leur insuf-

fisance par des adverbes [1] et par des noms.
Quelques postpositions s'emploient aussi comme
conjonctions et comme adverbes.

Les postpositions sont isolées ou affixes. Les
dernières se joignent toujours aux mots qui les
précèdent et en subissent la classe. Les premières peuvent aussi quelquefois devenir affixes.

Les postpositions isolées sont :

ایچون *itchin* et *itchun* « pour, à cause de ».
Lorsque cette postposition se lie au mot précédent, elle perd son ا initial et s'écrit یچون. Mais,
il faut bien le remarquer, ce n'est là qu'une
combinaison graphique, car ce mot conserve
toujours le son qui lui est propre, sans passer
jamais à la classe forte. Il ne peut réellement
devenir affixe qu'avec un mot de la classe douce.

ایله *ileh* « avec ». Lorsque cette postposition
devient affixe, on l'écrit یله et له, et on la prononce *ilah, lah,* ou *ileh, leh,* suivant l'euphonie.

ایله sert à composer un grand nombre de locutions adverbiales, et on l'emploie comme conjonction (Voy. pag. 101).

[1] Nous disons aussi en français *sur* ou *dessus, sous* ou
dessous.

دكَ *dek,* دكين ou دكن *deyin* « jusque ».
Cette postposition se réunit dans l'écriture au
mot qui la précède, mais elle ne passe jamais à
la classe forte.

Les postpositions affixes sont :

جه *djeh, djah,* چه *tcheh, tchah,* suivant l'euphonie, « en, dans ». Cette postposition est souvent employée dans la composition de quelques
locutions adverbiales, et alors on doit la rendre
presque toujours par *comme, en, selon, à la manière de, conformément à ;* ex. : نمچهجه *nemtchehdjeh* « en allemand, en langue allemande »
et « à la manière des Allemands ».

ده *deh* ou *dah,* suivant l'euphonie, « dans, en,
à, auprès, chez, sur, touchant, au sujet de ».
On l'emploie aussi comme adverbe et comme
conjonction (Voy. pag. 101).

ره *reh* ou *rah,* رو *ru* ou *rou,* ری *ri* ou *ri* « à,
dans, en, sur ». Cette postposition sert principalement à la composition de quelques expressions
adverbiales (Voyez aux suffixes, pag. 109).

سز *siz, siz, suz, souz* « sans ».

Lorsqu'on prononce isolément ces postpositions, on doit toujours leur donner des voyelles de la classe douce ; ainsi on dira : *ileh, djeh, reh,* etc.

Les noms qui servent le plus ordinairement à suppléer au manque de postpositions sont les suivants :

آلت *alt* « la partie inférieure, le dessous ».

اوست *ust,* اوزر *uzer* « la partie supérieure, le dessus ». Ces deux mots viennent de la même racine, car س et ز se permutent.

اوكَ *eun* « la partie antérieure ».

آرد *ard* « la partie postérieure, le dos ».

ايچ *itch* « la partie intérieure, l'intérieur ».

دش *disch,* طش *disch* « la partie extérieure, l'extérieur ».

يان *yan* « le côté ».

اورته *ortah,* et quelquefois اورتا *orta,* ارا *ara* [1] « le milieu ».

Quand les Turcs emploient ces noms pour remplacer des postpositions, ils les construisent de la manière suivante :

[1] Il y a tout lieu de supposer que ces deux formes cachent un seul et même mot ; mais on a ajouté au premier la postposition د٥, qui est devenue نّ٥ ou نّا.

سفره آلتنده‌ *sofra* [1] *altindah* « sous la table »,
littéralem. « de la table dans sa partie inférieure »
ou « dans son dessous »; سفره اوستنده‌ *sofra ustun-
deh* « sur la table », littéralem. « de la table dans
sa partie supérieure » ou « dans son dessus ».

Le mot سفره est virtuellement au génitif; mais
comme les Turcs n'ont que deux terminaisons
pour chaque cas, ils les suppriment toutes les
fois que la clarté le permet. Ils évitent ainsi à
l'oreille le retour trop fréquent des mêmes sons.

On dit اوزره *uzreh* « dessus » pour اوزر ره
uzer reh, mot-à-mot « en, dans, » ou « sur la
partie supérieure ».

Les postpositions ايچون et ايله demandent le
génitif des pronoms personnels, à l'exception
de celui de la 3ᵉ personne du pluriel, qui peut
se construire indifféremment avec le nominatif
ou le génitif. Elles exigent encore le génitif avec
le singulier des adjectifs démonstratifs او *ó* ou
ol, اول بو *bou* et شو *schou*; mais avec كيم *kim*
« qui », employé dans un sens interrogatif, elles
peuvent être précédées des deux cas. Ainsi, l'on

[1] *Sofra*, et non *sofrah*, car ce mot est d'origine sémitique.

dit بڭم ايله *benim ileh* « avec moi » ; سنڭ ايچون . *senin itchin* « pour toi » ; آنلر ايله *anlar ileh* ou آنلرڭ ايله *anlarin ileh* « avec eux ».

Sauf ces exceptions, ايچون et ايله se construi-sent avec le nominatif.

دك et دكين ou دكن régissent le datif ; ex. : بو كوندك *bou gunehdek* « jusqu'à ce jour ».

يكا *yana*, datif irrégulier de يان, employé comme postposition et signifiant « vers, du côté de », se construit avec l'ablatif : شهردن يكا *schehrden yana* « vers la ville, du côté de la ville ».

CHAPITRE IX.

DE L'ADVERBE.

Il n'existe en turc qu'un petit nombre d'ad-verbes proprement dits. On remplace souvent ces particules par des adjectifs, par des noms joints à des postpositions ou placés à certains cas, et quelquefois accompagnés du pronom af-fixe de la 3e personne.

Voici quelques adverbes d'un usage fréquent,

ou d'une composition difficile à analyser pour les personnes qui commencent l'étude de la langue turque :

ارته *erteh* ou ايرته *irteh* « le matin, de grand matin, de bonne heure » (de اير ou ا « le matin », et نه pour ده, postposition « dans »).

ارجه *erdjeh*, même signification et même composition que le précédent, à l'exception du remplacement de ده par la postposition جه, qui a le même sens.

ارکن *erken*, même signification que les deux précédents (de ا et du suffixe کن, autrefois کین. Voy. pag. 112).

اراق et ايراق *irak* « loin », et à l'ablatif ايراقدن *iraktan* « de loin ». (Ce mot est proprement un adjectif dérivé du verbe ايرمق *aïrmak* « éloigner », suffixe اق (Voy. pag. 102), et signifie « éloigné ».)

آشغه *aschagah* et آشغی *aschaghi* « en bas, au-dessous » (composé de la racine du verbe آشامق *aschamak* « fouler aux pieds, presser en passant dessus », et du suffixe غه, plus souvent غی (Voy. le suffixe کی, pag. 114).

اشورى *aschiri* et *aschouri* « au delà, de l'autre côté » (composé de آش, racine de آشمق
aschmak « dépasser, aller au delà », du suffixe
و, voy. pag. 118, et de رى, voy. le suffixe ده,
pag. 109).

آكسز *ansiz* « subitement, tout à coup » (de
آكس *an* « articulation, jointure », et سز, postposition, « sans »). On dit aussi آكسزين *ansizin,*
en ajoutant après la postposition, le pronom affixe sing. de la 3e personne.

آنده *andah* (vulg. *ondah*) « là, dans ce lieu-
là » (composé de او ou اول (voy. pag. 41), d'un
ن euphonique et ده, littéral. « dans cela »).

اونه *euteh* « au delà, de l'autre côté » (composé de la racine de اوتمك *eutmek,* verbe tartare qui signifie « aller en avant, passer outre »,
suffixe ه (voy. pag. 120).

اورده *oradah* « là-bas » (pour اول آرده *ol*
aradah « dans ce milieu, dans ce lieu »). On
dit aussi à l'ablatif اورادن *oradan* « de là-bas ».

اوزاق *ouzak* « loin ». Ce mot est un adjectif
verbal formé de la racine de اوزامق *ouzamak*

9

« étendre, s'étendre » et du suffixe اق (voy. pag. 102).

اوزااق est pour اوزاق.

اوكجه *eundjeh* « devant, en présence » (de اوك *eun* « la partie antérieure, le devant » et جه, postposition, « en, dans »).

ايچرو *itcheri* « en dedans, intérieurement » (de ايچ *itch* « l'intérieur » et du suffixe رو, pour كارى). Voy. pag. 110 et 114.

بوراده *bouradah* « ici, dans ce lieu » (même composition que اوراده, sauf la substitution de بو à او).

بونده *boundah* et شونده *choundah* « ici » (composés de بو et شو, ن euphonique, et de la postposition ده).

صكره *sonrah* (vulg. *sorah*) « après, ensuite » (composé de صك ou صوك *son* « la fin », et de ره, postposition, mot à mot « en » ou « dans la fin »).

طشره *taschrah, daschrah* « en dehors, extérieurement » (de طش *tisch* « la partie exté-

rieure » et « extérieur », adj., et du suffixe رو,
pour قارى). Voy. pag. 114.

ِنه يرده neredeh « dans quel lieu » (pour نرده
neh yerdeh).

يوقارى et يوقرى yokari « en haut » (dérivé
de la racine inusitée يوق yok[1], suffixe قارى).
Voy. pag. 114.

On dit aussi à l'ablatif يوقريدن yokaridan
« d'en haut, de la partie supérieure ».

On forme un assez grand nombre d'adverbes
de temps au moyen du pronom affixe sing. de
la 3ᵉ pers., que l'on ajoute à des noms. Ainsi
l'on dit كوندزين guiunduzun « de jour, pendant
le jour » (de كوندز gunduz « le jour »).

يازين yazin « en été » (de ياز « été »).

اورجين oroudjoun « dans » ou « pendant le
temps du jeûne », etc.

Dans ces différents adverbes, il y a ellipse de
la postposition ده, ou de quelque autre mot du
même sens.

[1] Mais on en trouve plusieurs dérivés, tels que يوقش
yôkousch « montée », etc.

On forme encore des adverbes en ajoutant à des noms le datif du même pronom affixe. Ainsi, de ترس *ters* « l'envers », on fait ترسنه *tersineh* « à l'envers » (littéral. « à son envers »). On attache le même cas de l'affixe à des noms arabes et persans, et l'on dit, avec le nom arabe عكس *aks*, عكسنه *aksineh* « à l'envers ».

نته *niteh* « comme, comment » (de نه « quoi, quelle chose, » et de ده « en, dans »).

نيجه *nidjeh* « comment » (de نه et de جه « en, dans »).

اويله *euïleh*, بويله *beuïleh*, شويله *scheuïleh* « ainsi, de cette manière ».

Ces trois adverbes sont formés des adjectifs démonstratifs او, بو et شو (p. 31 et 41), qui ont passé à la classe douce, et de la postposition ايله. Ils signifient littéralement *avec cela*.

CHAPITRE X.

DE LA CONJONCTION ET DE L'INTERJECTION.

Les conjonctions en usage dans la langue

turque sont en grande partie empruntées à l'arabe et au persan. Les postpositions ايله *ileh* et ده *deh* deviennent, ainsi que nous l'avons déjà observé, des particules conjonctives. On les construit de la manière suivante : سنك ايله بن *senin ileh ben* « moi et toi », mot à mot « moi avec toi ».

آناكله باباك *ananilah baban* « ton père et ta mère », mot à mot « ton père avec ta mère ».

بنده سنده *bendeh sendeh* « moi et toi ». Dans ce cas, ده a le sens de *aussi*, et l'exemple que l'on vient de lire signifie proprement *moi aussi, toi aussi*.

Les interjections sont, comme les conjonctions, presque toutes empruntées à l'arabe et au persan. Il y en a cependant quelques-unes qui appartiennent en propre à la langue turque, telles que اخ *akh* « hélas! » سوس *sous* « chut! paix! » etc. Ces mots ne donnent lieu à aucune observation.

CHAPITRE XI.

DES NOMS DÉRIVÉS ET DES SUFFIXES.

Nous avons dit (pag. 23) qu'il existe en turc des noms primitifs et des noms dérivés. Nous avons fait connaître les premiers, mais nous n'avons encore rien dit des seconds; car pour bien en comprendre la formation et la valeur, il faut avoir étudié plusieurs parties de la grammaire.

Les noms dérivés peuvent venir d'autres noms, d'adjectifs ou de verbes. Ils se forment à l'aide de postpositions, de suffixes, de pronoms affixes, etc., que nous donnons d'après l'ordre alphabétique.

—

اق *ak,* کـ *ek.* Ce suffixe, ajouté à la racine du verbe, forme des noms de lieu, d'instrument, des noms abstraits, et quelques adjectifs verbaux; ex.:

اوتلامق *otlamak,* paître; اوتلاق *otlak,* lieu dans lequel paissent les animaux, pâturage.

دوشمك *duschemek,* étendre par terre (un tapis, etc.);

دوشك *duschek*, endroit ou meuble sur lequel on s'étend, matelas, couche, lit.

طورمق *dourmak*, rester, demeurer, s'arrêter ; طوراق *dourak*, lieu dans lequel on s'arrête, demeure, domicile.

قاچمق *katchmak*, fuir ; قاچاق *katchak*, fuite.

اوزامق *ouzamak*, s'étendre, se prolonger ; اوزاق *ouzak*, éloigné.

قوشامق *kouschamak*, ceindre ; قوشاق *kouschak*, ceinture.

— — —

اُق (avec ou sans ١), ـُكـ. Ce suffixe forme des noms abstraits et des adjectifs verbaux ; ex. :

يارمق *yarmak*, fendre ; يارق *yarik*, fente.

اچمق *atchmak*, ouvrir ; اچوق *atchik*, ouvert.

دوشمك *duschmek*, tomber ; دوشك *duschuk*, qui est tombé.

چورمك *tchurumek*, se gâter, se corrompre ; چورك *tchuruk*, gâté, corrompu, pourri.

يورمك *yurumek*, marcher ; يورك *yuruk*, vagabond.

— — —

ـندى forme différents noms ; ex. :

آقمق *akmak*, couler ; آقندى *akindi*, le courant d'un fleuve.

ايكى *iki*, deux; ايكندى *ikindi*, l'instant qui partage
en deux parties égales le temps entre midi et le coucher
du soleil, et qui est pour les musulmans l'heure de la troisième prière canonique.

قرقمق *kirkmak*, tondre; قرقندى *kirkindi*, tonte.

كسمك *kesmek*, couper; كسندى *kesindi*, ce qui est
coupé d'une chose, rognure.

Ce suffixe est composé du pronom affixe sing.
de la 3ᵉ pers. ن, et de la 3ᵉ pers. du sing. du
passé du verbe substantif défectif (pag. 58) دى
pour ايدى.

Dans plusieurs mots on supprime l'affixe; ex.:

چاغلمق *tchaghilmak*, murmurer, en parlant des eaux;
چاغلدى *tchaghildi*, murmure des eaux.

كورلمك *guiurlemek*, faire du bruit, tonner; كورلدى
guiuruldu, bruit, tonnerre.

—

ج forme quelques noms abstraits, comme :

قزانج *kazandj*, gain, de قزانمق *kazanmak*, gagner.

اودنج *eudundj*, emprunt, de اودنمك *eudunmek*, passif de اودمك *eudemek*, payer.

سونج *sevindj*, joie, allégresse, de سونمك *sevinmek*, se
réjouir.

—

جه, جكز, جك, جغز, جق. Ces suffixes servent
à former les diminutifs des deux classes, et quelques noms d'instrument de l'action exprimée
par un verbe; ex. :

اوغلان *oglan* (olan), jeune garçon; اوغلانجق *oglan-
djik*, اوغلانجغز *oglandjigaz*, petit garçon.

دوه *deveh*, chameau; دوهجك *devehdjik*, petit chameau.

ال *el*, main; الجكز *eldjiguez*, petite main.

جكز et جغز sont des diminutifs de diminutifs;
mais la plupart du temps ils ont la même valeur
que le simple.

Les mots terminés par ق et par ك perdent
ces lettres où les changent en ه devant le suffixe
du diminutif; ex. :

آياق *ayak*, pied; آياجق *ayadjik*, petit pied.

كوپك *kieupek*, chien; كوپهجك *kieupehdjik*, petit
chien.

Les adjectifs forment leurs diminutifs en جه,
adoucissement des formes gutturales جق et
جك; ex. :

آق *ak*, blanc; آقچه *aktchah* (vulg. *ahtcheh, aktcheh*),
un peu blanc, blanchâtre.

كوزل *guzel,* beau ; كوزلجه *guzeldjeh,* un peu beau, un peu plus beau.

Les adverbes forment aussi des diminutifs avec جه ; mais آز *az* « peu » fait par exception آزاجق *azadjik* « très-peu ».

Observation. Il ne faut pas confondre le suffixe جه avec la postposition de la même forme, dont nous allons parler.

جق et جك forment aussi, comme nous l'avons observé, quelques noms d'instrument dérivés de verbes ; ex. :

صالنمق *salinmak,* se balancer ; صالنجق *salindjak,* l'instrument au moyen duquel on se balance, balançoire.

Il y a lieu de croire que جق et جك sont, dans ce cas, des modifications très-légères de la terminaison du futur, qui se conserve même dans quelques noms, comme :

كيجك *guieyedjek,* vêtement, chose avec laquelle on se vêt, la chose qui doit être ou devra être revêtue ; de كيمك *guieymek,* se vêtir.

Les mêmes terminaisons forment encore quelques adjectifs verbaux, comme :

اناناجق *inanadjak,* croyable, possible.

قورقاجق *korkadjak*, qui inspire la frayeur.

—

جه postposition (voy. pag. 92) entre dans la composition d'un grand nombre de mots, tels que مرادجه *muraddjah* « selon le désir »; نمچهجه *nemtchehdjeh* « en allemand, en langue allemande » et « à la manière des Allemands ».

On la joint aux participes présents terminés par ن, en changeant en *i* la voyelle qui précède cette terminaison. Ainsi, de سون *seven* « aimant » on a fait سونجه *sevindjeh* « en aimant »; de بقن *bakan* « regardant », بقنجه *bakindjah* « en regardant ».

On la joint encore au participe passé en دق et دك; ex.:

بقدقچه *baktiktchah*, en ayant regardé; سودكچه *sevdiktjeh*, en ayant aimé.

—

جه, forme adoucie de جق, جك. Voy. ce suffixe, pag. 105.

—

جى Ce suffixe sert à former les noms d'état,

de métier, de profession, ou d'habitude et de manière d'être ; ex. :

عـربـه *arabah*, voiture, chariot ; عزبـهجى *arabadji*, charretier.

اكمك *ekmek*, pain ; اكمكجى *ekmekdji*, boulanger.

ياردم *yardim*, secours ; ياردمجى *yardimdji*, celui qui porte secours, un aide.

يازى *yazi*, écriture ; يازيجى *yazidji*, écrivain.

Il est permis de supposer que les mots formés au moyen de ce suffixe sont des adjectifs pris substantivement.

———

داش Ce suffixe indique l'association, la concomitance ; ex. :

يولداش *yoldasch*, compagnon de voyage (mot à mot, compagnon de route).

آياقداش *ayakdasch*, compagnon de voyage (compagnon de pied).

قرنداش *karindasch*, frère (compagnon de ventre).

ياشداش *yaschdasch*, contemporain (compagnon d'âge).

———

رق، ركب، *postposition qui ne se trouve qu'en

composition et qui renferme les idées d'augmentation, d'avancement, de progrès, de continuité, etc. On la rend ordinairement par *en*,
dans, *sur*; ex. :

بقهرق *bakahrak* ou بقرق *bakarak*, en regardant.
سوهرك *sevehrek* ou سورك *severek*, en aimant.

Jointe aux formes que nous venons de citer,
cette postposition entraîne une idée de continuité
de l'action, principalement lorsqu'on répète le
mot; ex.:

بقرق بقرق *bakarak bakarak*, en continuant à regarder, à force de regarder.

Elle servait aussi à former les comparatifs
(voy. pag. 30), et cette fonction rentre très-
bien dans les idées d'augmentation et de progrès
qu'elle renferme.

———

رى, رو, ره. Ce suffixe a une double origine.
Dans la plupart des cas, il est un affaiblissement
de la postposition رق, رك, dont il conserve la
signification; ex.:

أوزره *uzreh*, dessus (mot à mot, en, dans ou sur la
partie supérieure). Voy. pag. 92 et 94.

Quelquefois aussi il est une contraction du suffixe tartare قارى, كارى (voy. pag. 114); ex.:

ايچرو *itcheri* (tart. ايچكارى *itchkeri*), intérieurement, dedans (de ايچ, l'intérieur, et du suffixe رو):

طاشره *daschra* (tart. طاشقارى,), dehors, extérieurement (de طاش *dasch*, l'extérieur, et du suffixe ره).

——

سى, pronom affixe sing. de la 3e pers., entre dans la composition d'un grand nombre de noms d'action et de noms abstraits; ex.:

كلسى *guielesi*, l'avenir, le futur (pour كلـهسى, de كلمك *guielmek*, venir).

ياتسى *yatsi*, le temps, le moment où l'on doit se coucher (pour ياتنـسى, de ياتمق *yatmak*, se coucher).

Dans ces exemples, l'affixe ne se rapporte à aucun mot, et il remplace l'article déterminatif.

ن, cas oblique du même pronom, répond également à l'article déterminatif; ex.:

صاغشنجه *saghischindjah*, d'après le compte, suivant le compte (de صاغش *saghisch*, calcul, compte, ن affixe, et جه postposition).

ين, cas oblique du même pronom, sert à former des adverbes de temps (voy. pag. 99), et

quelques autres, tels que اوغرين *ogroun* « fur-
tivement », etc.

On le joint au présent, au passé et au futur
de l'infinitif; ex.:

اولاجغـيـن *olmaghin*, اولدغـيـن *oldougoûn*, اولـمغـين
oladjaghin.

Il a presque toujours alors le sens de l'article
déterminatif avec l'ablatif; ex.:

بزآنى كورمكبـين كيرودوندكك *biz ani* (vulg. *onou*)
geurmeyin guieri deunduk, littéralement, nous, par le voir
lui, nous retournâmes sur nos pas, c.-à-d., en le voyant,
nous retournâmes sur nos pas.

نه et ينه, datif du même affixe, sert à former
quelques expressions adverbiales (voy. p. 100).
Dans ce cas encore, il a généralement le sens
de l'article déterminatif.

———

ش, ajouté au radical du verbe, forme des
noms d'action et des noms abstraits; ex.:

بقمق *bakmak*, regarder; باقش *bakisch*, regard.

سومكك *sevmek*, aimer; سوش *sevisch*, action d'aimer,
amour.

———

كن ,قن ,قان ,غن ,غان. Ces différentes formes du même suffixe donnent des adjectifs verbaux, des participes présents et quelques noms; ex.:

دوقشمق *dokouschmak*, s'entrechoquer; دوقشقان *do-kouschkan*, querelleur.

چالشمق *tchalischmak*, travailler; چالشقن *tchalisch-kan*, laborieux.

اوتلمك *eutlemek*, chanter; اوتلكن *eutleyen*, chantant (se dit des oiseaux).

ايكن *iken*, étant (voy. pag. 60).

Ce suffixe est la terminaison d'un participe présent tartare.

———

كين ,كون ,كن ,غين ,غون ,غن. Ce suffixe donne des noms abstraits, des adjectifs et des adjectifs verbaux ou des adverbes; ex.:

يانمق *yanmak*, brûler; يانغون *yangoun* et يانغين *yanghin*, incendie.

صالمق *salmak*, jeter, envoyer, pousser; صالغن *sal-ghin*, صالغون *salgoun*, صالغين *salghin*, qui se communique, contagieux (en parlant des maladies).

بوزمق *bozmak*, briser, rompre; بوزغون et بوزغن *bozgoun*, brisé, rompu.

دوشمك *duschmek*, tomber; دوشكن *duschkun*, qui est tombé, qui est déchu de son premier état.

سورمك *surmek*, pousser, chasser; سوركون *surgun*, banni, exilé.

كسمك *kesmek*, couper; كسكين *keskin*, tranchant.

اشمك *eschmek*, marcher vite; اشكين *eschkin*, et quelquefois aussi اشكن *eschken* et اشكون *eschkun*, qui marche vite (se dit d'un cheval).

اين *in* et ان *en*, largeur; انكين *enguin*, large, vaste, et le large, la haute mer.

———

كى, كو, ق, قو, غى, غو. Ces différentes formes du même suffixe, placées après le radical, constituent des noms qui dérivent du sens exprimé par le verbe; ex.:

يارمق *yarmak*, fendre, séparer par le milieu; يارغو *yargou*, dissident, querelle, dispute.

چالمق *tchalmak*, frapper, battre, jouer d'un instrument; چالغو *tchalgou* et چالغى *tchalghi*, instrument de musique.

اويمق *ouyoumak*, dormir; اويقو *ouyoukou*, sommeil.

ويرمك *vermek*, donner; ويركو *vergui* et ويركى *vergu*, tribut (ce qu'on donne à l'État).

———

كارى, قارى. Ce suffixe tartare paraît être proprement une postposition qui signifie *vers, du
côté de*. Les Ottomans en ont fait, par la sup-
pression des gutturales, رو, رہ, رى, qu'on ne
doit pas confondre avec رہ, descendant de رق,
ركة (voy. رہ, pag. 99 et 110). Ils ont cependant
conservé يوقارى *yokari*, adverbe qui veut dire
en haut.

———

كى *ki*, adjectif conjonctif, sert à former des
adjectifs relatifs ; ex. :

صكرہ *sonrah* (vulg. *sorah*), ensuite ; صكرہكى (celui)
qui (est) ensuite, le dernier.

شمدى *schimdi*, à présent ; شمديكى (celui) qui (est)
à présent, actuel.

Autrefois on écrivait غى pour كى avec les mots
de la classe forte ; ex. :

صكرہغى *sonrahghi* pour صكرہكى *sonrahki*.

———

أق et لك. Ce suffixe, ajouté à un adjectif,
en forme un nom abstrait. Ainsi de

أق *ak*, blanc, on fait أقلق *aklik*, blancheur ; de كوزل
guzel, beau, on fait كوزللك *guzellik*, beauté.

Ajouté à un nom, il en forme un nom abstrait, comme :

قرال *kiral*, roi ; قراللق *kirallik*, qualité ou dignité de roi, royauté.

De اوده *odah* « chambre » vient اودهلق *odah-lik* « personne attachée au service de la chambre, femme du second rang, *odalisque* [1] ».

De ميشه *mescheh* « chêne » vient ميشهلك *meschehlik* « chênaie ».

Ajouté à la racine d'un verbe, il forme des noms d'action :

اونوتمق *onoutmak*, oublier ; اونوتمقلق *onoutmaklik*, action d'oublier, oubli.

كورمك *guieurmek*, voir ; كورمكلك *guieurmeklik*, action de voir.

Ce même suffixe sert encore à former des noms de demeure, de station. Ainsi, de قيش *kisch* « hiver » vient قيشلق *kischlik* « lieu dans lequel les nomades passent l'hiver », et par suite « quartier d'hiver, lieu de garnison », et enfin « une pièce chauffée ».

[1] Dans les premières éditions du *Dictionnaire de l'Académie* on lisait *odalique*, sans aucune altération.

لى, لو. Ce suffixe est, suivant toute apparence, une forme secondaire et affaiblie de لق, اك. Ajouté à des noms, il forme des adjectifs qui quelquefois ont la valeur de véritables substantifs.

De قوم *koum*, sable, vient قوملو *koumlou*, sablonneux [1].

De آد *ad*, nom, vient آدلو *adli*, doué d'un nom, qui a un nom, nommé.

De آت *at*, cheval, vient آتلو *atli*, doué d'un cheval, et par suite cavalier.

De بچ *betch*, nom de Vienne en Autriche, dérive بچلو *betchli*, viennois, et un Viennois.

On le joint aussi aux noms d'action terminés par ه. Ainsi, كلهلو *guielehlu* ou كللو *guielelu* « doué de l'action de venir, de la venue », et par suite, « qui est venu »; ex.:

اوچ آى وار بز كلهلو *utch ay var biz guielehlu*, il y a trois mois que nous sommes doués de l'action de venir, de la venue, ou, en d'autres termes, que nous sommes venus.

Quelquefois on supprime le ه qui termine le nom d'action, et le و ou le ى quiescent de لى, لو. Ainsi, l'on dit كلالدن برى يازمدم *guielelden*

[1] قوملق *koumlouk*, endroit, lieu sablonneux.

beri yazmadim « je n'ai pas encore écrit depuis que je suis doué de la venue (depuis que je suis venu) », au lieu de كلدلودن *guielehluden*.

Dans les verbes de la classe forte, le ه final du nom d'action est souvent remplacé par un ١, et l'on écrit لى au lieu de لو ; ex. :

اولدلى *olali* pour اولدلو ou اولالى.

On joint encore ce suffixe au nom d'action en دی. Dans ce cas, il a une valeur plus forte ; ainsi, اولدلو *olmahli* (que l'on écrit habituellement اولملو *olmali*) signifie littéralement *doué de l'action d'être*; mais dans l'usage ordinaire ces deux mots réunis forment un participe qui entraîne l'idée de nécessité future. Voy. pag. 71.

———

م. Ce suffixe sert à former des noms abstraits ; ex. :

آتمق *atmak*, lancer, jeter ; آتم *atim*, jet, portée (d'une flèche, etc.).

آلمق *almak*, prendre, acheter ; آلم *alim*, achat, acquisition.

———

هہ, adoucissement des terminaisons مق ou مك de l'infinitif, forme des noms d'action ou des noms abstraits; ex.:

يونمق *yonmak*, sculpter ; يونمه *yonmah*, sculpture.

سومه *sevmeh* (de سومك *sevmek*), l'action d'aimer.

دوشمك *duschemek*, étendre à terre ; دوشمه '*dusche-meh*, plancher, pavé.

————

ن Voy. سى, pag. 110.

————

نه, ينه Voy. سى, pag. 110.

————

و et ى, ajoutés après la racine du verbe, forment des noms abstraits et quelques noms d'instruments; ex.:

قورقمق *korkmak*, craindre ; قورقو *korkou*, crainte.

ياپمق *yapmak*, bâtir ; ياپى *yapi* et ياپو *yapou*, construction, édifice.

يازمق *yazmak*, écrire ; يازى *yazi* et يازو *yazou*, écriture.

چكترمك *tchektirmek*, faire tirer ; چكترى *tchektiri* et چكدرى *tchekdiri*, remorqueur (instrument qui sert à tirer).

Quelquefois aussi و et ى indiquent des formes apocopées du participe indéterminé, comme ديو *diyu,* vulg. *deï,* « disant, ayant dit », pour ديوب, et آليويرمك *alivermek* « fournir, procurer », c'est-à-dire آليب (ancienne forme pour آلوب) « ayant pris »; ويرمك « donner ».

Ce participe indéterminé apocopé se retrouve dans les formes اوليجق (pag. 71) et سويجك (pag. 78).

———

ه ajouté à la racine du verbe forme un participe présent tartare qui souvent conserve la même valeur en turc. On le répète pour l'ordinaire; ex.:

كوله كوله بايلدم *guleh guleh bayildim,* je me suis pâmé à force de rire (mot à mot, riant, riant, je me suis pâmé).

Quelquefois on joint ces participes à la postposition رق, رك, en conservant ou en rejetant le ه formatif (voy. pag. 109).

Ce participe sert à la composition du futur, et dans les verbes de la classe forte, le ه se change souvent en ا. Ainsi, on écrit اولهجق et اولاجق.

Ce même suffixe donne encore des adverbes et des noms d'action. Quelques-uns de ces derniers s'éloignent de la signification du verbe, comme ويره *vereh* (de ويرمك *vermek* « donner »), qui signifie « foi, capitulation, trêve. »

—

ین Voy. سی, pag. 110.

FIN.

MEULAN. IMPRIMERIE DE NICOLAS.

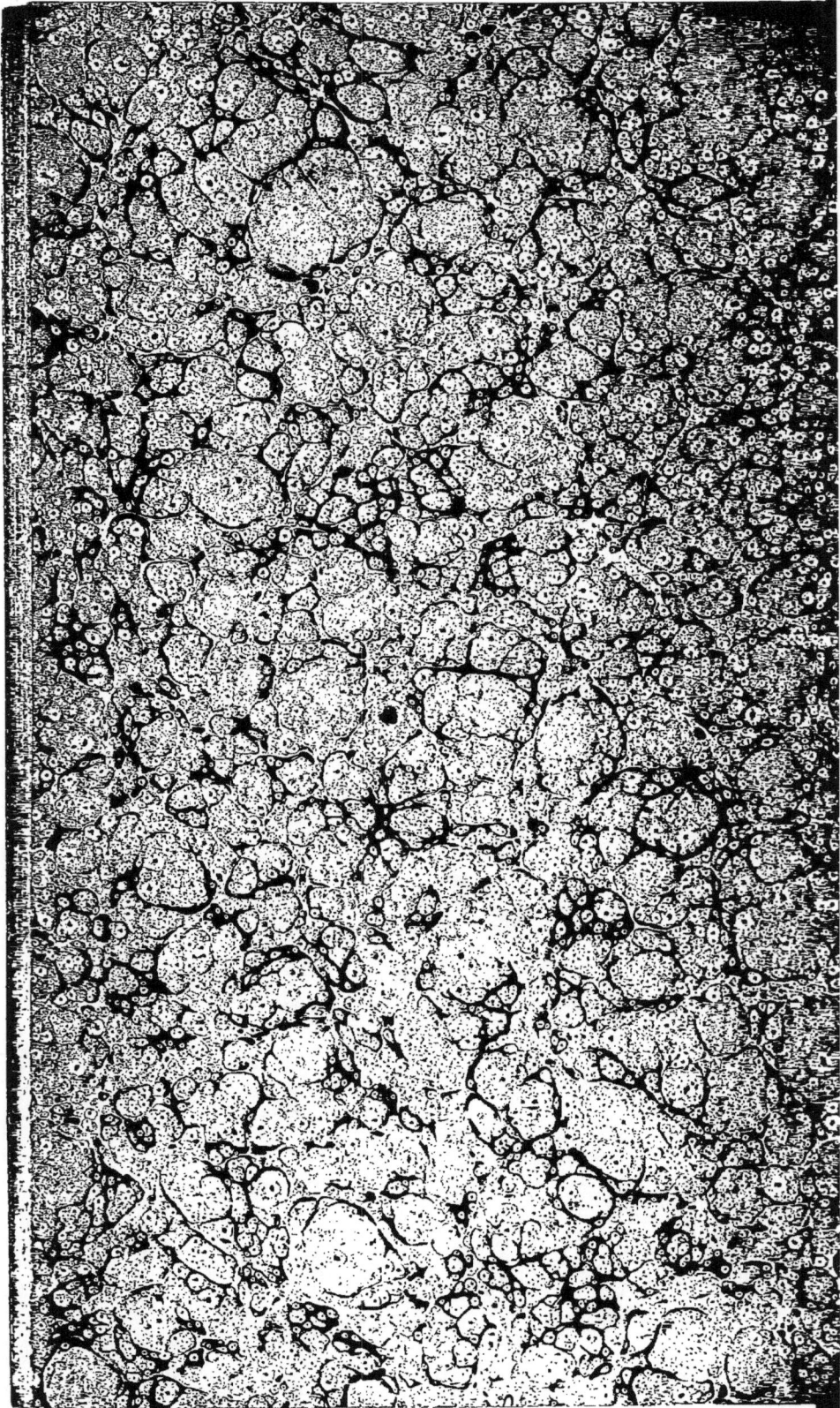

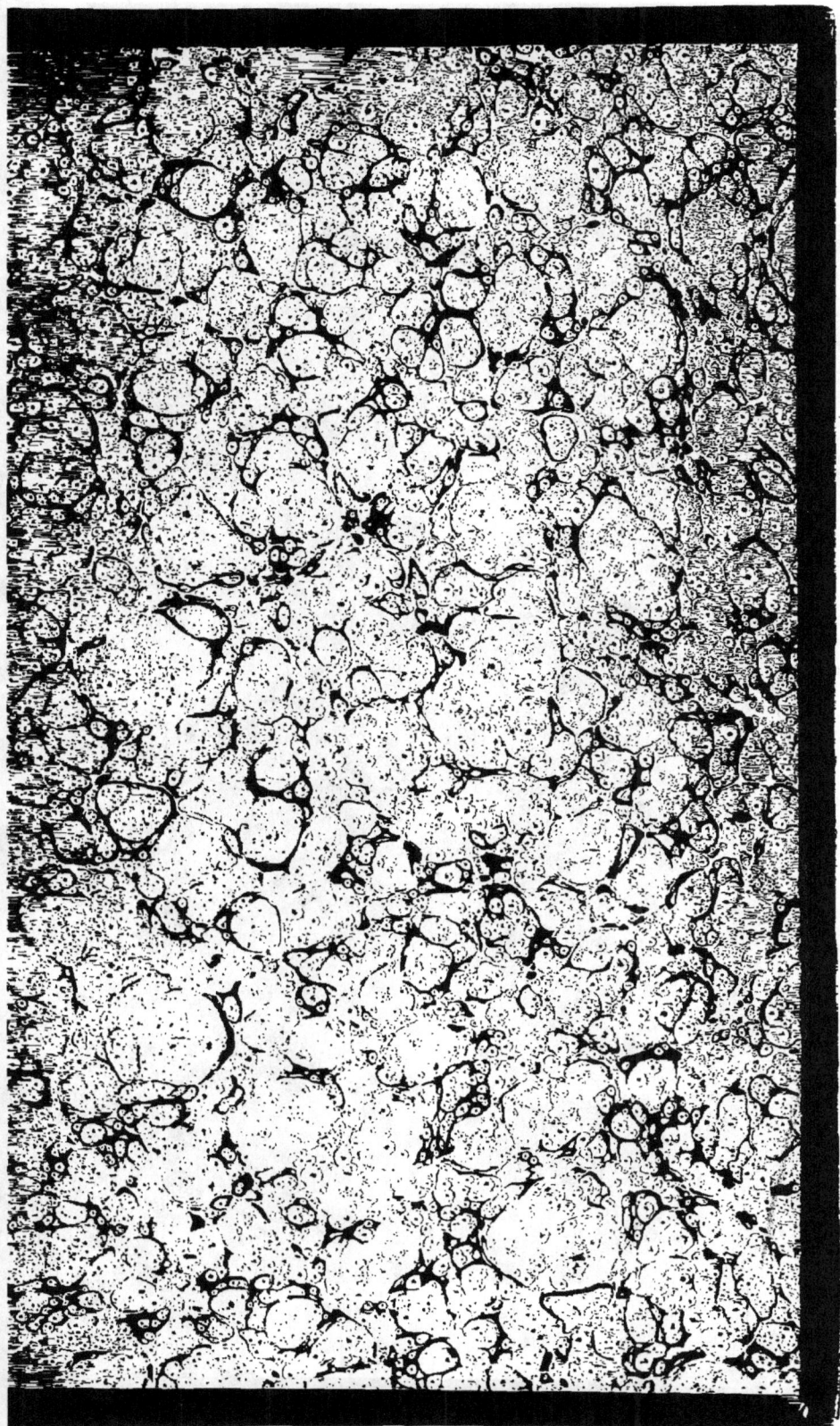

www.ingramcontent.com/pod-product-compliance
Lightning Source LLC
Chambersburg PA
CBHW071801090426
42737CB00012B/1907